地理人生系列 | 刘君德主编

我的地理人生 3
中国省区市的影像足迹与思考（四卷本）
第三卷　中国东部南区

刘君德　著

东南大学出版社
·南京·

内容提要

本书是中国地理学家、华东师范大学终身教授、国务院学位委员会首批区域地理学专业博士生导师、中国地理学会终身成就奖获得者刘君德教授在改革开放以来对全国三十四个省区市进行过多次考察的基础上，对各省区市相关地理问题进行思考和研究的成果。全书分四卷——第一卷为中国东部北区、第二卷为中国东部中区、第三卷为中国东部南区、第四卷为中国西部地区，将全国三十四个省区市划分为十个地理单元（十章），以各省区市考察的足迹为线索，以区域和城市为重点，对涉及的自然环境与经济、社会、生态、政区等重要的地理问题进行探讨。四卷本图文并茂，问题思考配以现场照片加以阐述，内容由中国人民大学历史地理学者、清史专家华林甫教授等人协助校对。

本书可供地理学、行政学、区域经济学、历史学、旅游学、国土—区域规划、城市规划及相关专业研究者、教师和学生，政府部门工作者，以及对该领域有兴趣的社会人员阅读与参考。

图书在版编目（CIP）数据

我的地理人生. 3，中国省区市的影像足迹与思考：四卷本 / 刘君德著. -- 南京：东南大学出版社，2024. 12. --（地理人生系列 / 刘君德主编）. -- ISBN 978-7-5766-1701-6

Ⅰ. K92-53

中国国家版本馆 CIP 数据核字第 2024LD7959 号

责任编辑：孙惠玉　　责任校对：子雪莲　　封面设计：王玥　黄永砥　　责任印制：周荣虎

我的地理人生 3：中国省区市的影像足迹与思考（四卷本）· 第三卷　中国东部南区
WO DE DILI RENSHENG 3: ZHONGGUO SHENG QU SHI DE YINGXIANG ZUJI YU SIKAO (SI-JUAN BEN) · DI-SAN JUAN　ZHONGGUO DONGBU NANQU

著　　者：刘君德
出版发行：东南大学出版社
出 版 人：白云飞
社　　址：南京市四牌楼 2 号　邮编：210096
网　　址：http://www.seupress.com
经　　销：全国各地新华书店
排　　版：南京布克文化发展有限公司
印　　刷：南京艺中印务有限公司
开　　本：890 mm×1 240 mm　1/16
印　　张：65（四卷）· 第三卷 13.25
字　　数：1 788 千（四卷）· 第三卷 365 千
版　　次：2024 年 12 月第 1 版
印　　次：2024 年 12 月第 1 次印刷
书　　号：ISBN 978-7-5766-1701-6
定　　价：399.00 元（四卷）

本社图书如有印装质量问题，请直接与营销部联系（电话：025-83791830）

四卷本目录

四卷本作者

四卷本前言

第一卷　中国东部北区

第一章　京津冀

（一）北京市　（二）天津市　（三）河北省

第二章　晋鲁

（四）山西省　（五）山东省

第三章　辽吉黑

（六）辽宁省　（七）吉林省　（八）黑龙江省

第二卷　中国东部中区

第四章　沪苏浙皖

（九）上海市　（十）江苏省　（十一）浙江省　（十二）安徽省

第五章　豫鄂湘赣

（十三）河南省　（十四）湖北省　（十五）湖南省　（十六）江西省

第三卷　中国东部南区

第六章　闽粤桂琼

（十七）福建省　（十八）广东省　（十九）广西壮族自治区　（二十）海南省

第七章　港澳台

（二十一）香港特别行政区　（二十二）澳门特别行政区　（二十三）台湾省（地区）

第四卷　中国西部地区

第八章　渝川云贵

（二十四）重庆市　（二十五）四川省　（二十六）云南省　（二十七）贵州省

第九章　陕甘宁

（二十八）陕西省　（二十九）甘肃省　（三十）宁夏回族自治区

第十章　蒙新青藏

（三十一）内蒙古自治区　（三十二）新疆维吾尔自治区　（三十三）青海省　（三十四）西藏自治区

四卷本后记

第三卷 中国东部南区

第三卷前言

本卷包括闽粤桂琼和港澳台两大区域的7个省、自治区、特别行政区和地区，位于中国东部区域的东南隅。地形上，涵盖广东、广西两省区以珠江三角洲（简称珠三角）为核心的珠江水系，福建省闽江、九龙江水系及台湾山系、海南岛五指山系等。纬度偏南，地势崎岖，平原面积较小，东部和南部面向辽阔的东海和南海，半岛、岛屿众多，海岸线曲折，港湾较多，是本区域自然地理面貌的共性特征。

本区域位于开放前沿，市场经济发达，香港、澳门，广州—深圳，福州—厦门—漳州—泉州，台北—新北，台中—彰化，台南—高雄，其工业化、城市化水平高，是中国版图经济重心之一，也是不同制度碰撞、最具有活力的经济区域。

区域内因受历史文化、政治，经济发展水平和结构，特别是地方政治经济制度差异性较大的影响，可划分为三类地区：一是粤港澳大湾区，包括广东省和香港、澳门两个特别行政区。它是中国东部南区的城市—区域经济重心，经济集聚能力强。二是海峡两岸区。闽台两省隔海相望，骨肉相连，地理区位的临近性和历史文化的同一性，两岸携手合作，将释放巨大能量，不仅在中国经济，乃至在东亚、东南亚及世界经济格局中也有一席之地。三是北部湾陆岛区。广西和海南一陆一岛，海洋资源丰富，面对中国南部海疆，海上通道方便，与东盟联系紧密，有最宽松的开放政策，发展潜力巨大。

台湾回归祖国之后，克服制度障碍，加强与本区域内部的经济交融，推进分工合作发展，优化经济结构，提升经济能级，融入世界经济体系，将有力地推进中国东部南区经济的发展。

本卷收录72个篇目，广东省、海南省和香港、澳门的影像较多。

第三卷目录

第三卷前言

第六章　闽粤桂琼 ⋯⋯⋯⋯⋯⋯⋯⋯⋯⋯⋯⋯⋯⋯⋯⋯⋯⋯⋯⋯⋯⋯⋯ 001
　（十七）福建省 ⋯⋯⋯⋯⋯⋯⋯⋯⋯⋯⋯⋯⋯⋯⋯⋯⋯⋯⋯⋯⋯⋯⋯ 002
　　1. 山海兼备·资源强省 ⋯⋯⋯⋯⋯⋯⋯⋯⋯⋯⋯⋯⋯⋯⋯⋯⋯⋯⋯ 002
　　2. 第一侨乡泉州：海上丝绸之路起点 ⋯⋯⋯⋯⋯⋯⋯⋯⋯⋯⋯⋯⋯ 004
　　3. 三江两溪：省域地理空间结构 ⋯⋯⋯⋯⋯⋯⋯⋯⋯⋯⋯⋯⋯⋯⋯ 006
　　4. 三类区域：吻合与不吻合？ ⋯⋯⋯⋯⋯⋯⋯⋯⋯⋯⋯⋯⋯⋯⋯⋯ 007
　　5. 闽西北：行政中心驻地的摇摆 ⋯⋯⋯⋯⋯⋯⋯⋯⋯⋯⋯⋯⋯⋯⋯ 008
　　6. 为尤溪口设站奔波 ⋯⋯⋯⋯⋯⋯⋯⋯⋯⋯⋯⋯⋯⋯⋯⋯⋯⋯⋯⋯ 010
　　7. 武夷山考察 ⋯⋯⋯⋯⋯⋯⋯⋯⋯⋯⋯⋯⋯⋯⋯⋯⋯⋯⋯⋯⋯⋯⋯ 012
　　8. 石狮独立设市 ⋯⋯⋯⋯⋯⋯⋯⋯⋯⋯⋯⋯⋯⋯⋯⋯⋯⋯⋯⋯⋯⋯ 015
　　9. 奇特的闽西南土楼文化 ⋯⋯⋯⋯⋯⋯⋯⋯⋯⋯⋯⋯⋯⋯⋯⋯⋯⋯ 015
　　10. 省会福州观察 ⋯⋯⋯⋯⋯⋯⋯⋯⋯⋯⋯⋯⋯⋯⋯⋯⋯⋯⋯⋯⋯⋯ 017
　　11. 厦门拾零 ⋯⋯⋯⋯⋯⋯⋯⋯⋯⋯⋯⋯⋯⋯⋯⋯⋯⋯⋯⋯⋯⋯⋯⋯ 020
　　12. 集美：校区·政区·社区的"三合一" ⋯⋯⋯⋯⋯⋯⋯⋯⋯⋯⋯ 024
　　13. 福建发展需要处理好的几个空间战略关系 ⋯⋯⋯⋯⋯⋯⋯⋯⋯⋯ 026
　（十八）广东省 ⋯⋯⋯⋯⋯⋯⋯⋯⋯⋯⋯⋯⋯⋯⋯⋯⋯⋯⋯⋯⋯⋯⋯ 028
　　14. 开放前沿的经济强省 ⋯⋯⋯⋯⋯⋯⋯⋯⋯⋯⋯⋯⋯⋯⋯⋯⋯⋯⋯ 028
　　15. 岭南文化传承之省 ⋯⋯⋯⋯⋯⋯⋯⋯⋯⋯⋯⋯⋯⋯⋯⋯⋯⋯⋯⋯ 031
　　16. 海外侨胞大省 ⋯⋯⋯⋯⋯⋯⋯⋯⋯⋯⋯⋯⋯⋯⋯⋯⋯⋯⋯⋯⋯⋯ 032
　　17. 珠三角：粤港澳大湾区战略重心 ⋯⋯⋯⋯⋯⋯⋯⋯⋯⋯⋯⋯⋯⋯ 035
　　18. 粤东沿海：三驾马车何去何从？ ⋯⋯⋯⋯⋯⋯⋯⋯⋯⋯⋯⋯⋯⋯ 036
　　19. 粤西：湛江·茂名谁领头？ ⋯⋯⋯⋯⋯⋯⋯⋯⋯⋯⋯⋯⋯⋯⋯⋯ 039
　　20. 粤北山区：贫困还要持续多久？ ⋯⋯⋯⋯⋯⋯⋯⋯⋯⋯⋯⋯⋯⋯ 046
　　21. 番禺会议：中国市制的回顾与展望 ⋯⋯⋯⋯⋯⋯⋯⋯⋯⋯⋯⋯⋯ 050
　　22. 广州：国家中心城市·省会与佛山的同城化 ⋯⋯⋯⋯⋯⋯⋯⋯⋯ 051
　　23. 深圳：国家经济中心·创新型城市与东莞的同城化
　　　　⋯⋯⋯⋯⋯⋯⋯⋯⋯⋯⋯⋯⋯⋯⋯⋯⋯⋯⋯⋯⋯⋯⋯⋯⋯⋯⋯⋯⋯ 056
　　24. 粤港澳大湾区的未来与思考 ⋯⋯⋯⋯⋯⋯⋯⋯⋯⋯⋯⋯⋯⋯⋯⋯ 060
　（十九）广西壮族自治区 ⋯⋯⋯⋯⋯⋯⋯⋯⋯⋯⋯⋯⋯⋯⋯⋯⋯⋯⋯ 061
　　25. 唯一临海的民族自治区 ⋯⋯⋯⋯⋯⋯⋯⋯⋯⋯⋯⋯⋯⋯⋯⋯⋯⋯ 061

26. 联通大西南的大动脉	063
27. 首府变迁：桂林→南宁	064
28. 国际旅游城市：桂林	066
29. 新兴海滨港口工业城市：防城港	069
30. 北部湾城市群中心城市：北海	071
31. 西江中游第一大港：贵港	074
32. 北流设市考察	076
33. 广西发展的空间战略思考	077

（二十）海南省 ………………………………………………… 079

34. 海洋大省·陆地小省	079
35. 北部滨海：海口与琼山的分与合	081
36. 南部滨海：国际旅游城市三亚	086
37. 西部滨海：儋州与洋浦	090
38. 东部滨海：琼海与博鳌	093
39. 中部山区：生态岛的"肺"——五指山	095
40. 政区规划：为海南政区空间格局定调	097
41. 群岛城市：三沙	098
42. 海南未来：走向世界的大战略	099

第七章　港澳台 ……………………………………………… 101

（二十一）香港特别行政区 …………………………………… 102

43. 中华人民共和国的省级政区：香港特别行政区	102
44. 从小岛渔村到国际都会	102
45. 香港岛·九龙半岛·新界·维多利亚湾	106
46. 香港的土地开发与城市发展	109
47. 中西交融之文化	112
48. 曾经的世界第一港	115
49. 香港的转型发展	116
50. 香港的街区	119
51. 香港的社区生活	122
52. 访问香港房屋署：公共屋邨·廉租屋	126
53. 访问香港中文大学·香港浸会大学·香港大学	128
54. 观香港的城市交通有感	131

（二十二）澳门特别行政区 …………………………………… 137

55. 中华人民共和国的省级政区：澳门特别行政区	137
56. 澳门的历史演进与回归	140
57. 澳门半岛·氹仔和路环离岛·大岛	142
58. 风貌独特的城市	145
59. 一座"赌城"	148
60. 世界文化遗产	151

| 61. 独特的地名文化 | 160 |
| 62. 港珠澳大桥与澳门的未来 | 162 |

（二十三）台湾省（地区） 164

63. 中国领土不可分割的一部分	164
64. 中国第一大岛	166
65. 发达的经济体	169
66. 中华文化的保护与传承	172
67. 台湾的族群	175
68. 三大都会区：台北·台中·高雄	176
69. 海运：维系台湾经济的生命线	183
70. 进入"9·21"大地震现场	184
71. 访台经历	186
72. 垦丁之旅	189

第三卷附图：各省区市标准地图 192
第三卷图片来源 199
第三卷后记 201

第六章　闽粤桂琼

闽粤桂琼包括福建、广东、广西和海南四省区，位于祖国东南隅。除海南省为海岛省份之外，闽粤桂三省区山海相连，面向海洋，岛屿较多，属于中国大陆海岸线最长的地理区，为中亚热带与南亚热带季风气候区，暖热湿润，水热环境好，林木植被资源丰富，海运便捷。分布于世界各地的华人、华侨基本源于这四省区的沿海地区。

在计划经济体制下，地处海防前沿的闽粤桂三省，少有中央政府的大项目投资，经济发展滞后；以深圳为标志的改革开放的春雷释放了东南沿海人民的巨大潜能，以珠三角为核心的区域是中国开放度最高（深圳、珠海、汕头、厦门和海南五个经济特区均位于本区）、市场经济最为活跃、外向型经济最为突出、经济增长最快的地理区，形成国家空间战略的重要支点。海洋经济是本地理区经济的共性和一大特色。

基于地理空间的位置不同，自然和人文环境，特别是开放度和区域政治、文化的差异，加上历史基础、交通环境、建制等复杂因素的影响，闽粤桂琼四省区（1988年海南从广东省析出建省）之间存在较大差异。其中的广东省综合条件最优，发展的环境最好，开放最早，发展最快，综合实力最强。40年间，其经济总量从1978年的185.85亿元提高到2018年的97 277.77亿元，增长了523倍，经济排名攀升至首位，连续多年遥遥领先于全国各省区市。福建省背山、面海，综合条件好，虽受台海政治环境的影响，但改革开放之后加速发力，增速最快，从1978年的省区经济排名第23位跃居至2018年的第8位，提升了15个位次；广西壮族自治区的综合发展条件虽不及闽粤两省，但经济排名也由第20位升至第19位；作为海洋大省的海南，建省30年，经济增长21.8倍，实现了跨越式发展。

从空间战略考虑，本区域以下三个共性的问题需要引起关注与思考：第一，四省区共卫海洋安全，共护海洋环境，共谋海洋经济发展。这是国家大政、保卫海疆的需要，是四省区安全发展、特色发展、绿色发展之必需。第二，加强各省区山区的生态环境建设，共同维护山区生态安全，保护好青山绿水，这是四省区持续发展的关键之举。第三，加强闽粤桂之间的大交通建设，特别是粤北与桂北、粤北与闽西北的高速、高铁联通，形成三省区之间的快速交通网络。此外，还要着力解决省区之间和省区内部发展的差异过大问题，实现沿海与山区的共同致富。

（十七）福建省

1. 山海兼备·资源强省

福建省，简称闽，唐开元二十一年（733年）置福建经略使，设福、泉、建、漳、汀五州，治所福州，省名由福、建二州得名，省会城市是福州。福建省位于祖国东南，依山傍海。陆上邻省自北向西、向南分别为浙江、江西、广东三省，东部面向海洋，隔台湾海峡与宝岛台湾省相望。全省下辖9个地级市（29个市辖区）、12个县级市、44个县，其面积为12万平方千米、总人口4 160万（2020年）。

认知福建省有三个特殊的注意点：

第一，福建是一个山区省份，其森林覆盖率居全国之首。生态环境得天独厚，蕴藏有相当丰富的矿产资源，地形地貌格局也决定了福建的人口偏于沿海狭长的平原和山间小盆地。第二，福建位于海防前线，新中国成立之后，海峡两岸对峙时期，中央政府很少在福建投资，在空间发展战略上优先建设山区，而非沿海。因此，改革开放之前，福建省西北部山区的经济基础比沿海相对要好一些。第三，改革开放之后，福建凭借其优越的地理区位、传统的人文环境和优越的政策驱动，经济发生翻天覆地的变化。2019年经济总量居全国第8位，人均GDP（国内生产总值）超过10万元，居全国第5位，40年攀升了17位！经济重心转向沿海，省会福州及厦（门）漳（州）泉（州）迅速崛起，一举超越"内地"的南平、三明、龙岩，形成比较发达的沿海经济带，省域经济空间回归自然经济规律。

第三卷图1-1 与弟子廖庆聪合影
（2017年10月）

早在20世纪80年代，我对福建全省进行了多次（1986年11月、1988年10月、1989年12月）考察，重点是闽江流域，特别是建溪流域的考察，以及此后结合承担的国家自然科学基金项目"中国东南部山区人才开发与教育改革研究"的调查，对福建省情就有较为全面的了解。2007年12月，又分别考察了厦门、泉州（湄洲湾）、福州。2017年10月，在省委工作的弟子廖庆聪陪同下，重访了福州和南平、尤溪口（第三卷图1-1至图1-4）。

福建省建溪流域被列入南方山区科学考察队三分队考察的区域，考察队一行从温州，穿越瓯江、飞云江、鳌江，进入福建，过宁德，抵达福州。福建省政府高度重视此次考察，专门配备了一辆中巴，派经验丰富的驾驶员，从福州出发，沿闽江上行，先后抵达南平、建阳，进入武夷山区，然后折向南，抵达三明，查勘武夷山东侧，路经赣闽边区革命根据地，到达闽西南山区行政与经济中心——龙岩，再沿九龙江顺势而下，至九龙江河口的漳州，一路考察，听取介绍，大家对福建亚热带南部山区的自然、经济、人文、生态环境的基本省情和主要问题等有了丰富的感性认知和初步的理性思考。

第三卷图 1-2　热带、南亚热带的代表树种——福州的大榕树（2017 年 10 月）

第三卷图 1-3　黄冈山（福建省与江西省的界山）、福州市郊的滨海（2007 年 12 月）

第三卷图 1-4　从漳州九龙江口遥望厦门留影（1989 年 12 月）

从漳州，经厦门、泉州、莆田，至福州，调查的重点转向海岸、海港及城市、乡村，更多地感受福建省人口—城镇密集、经济潜力巨大的海岸带经济。滩涂利用的密度是在大城市生活、居住的人所难以想象的。

福建山区占据全省面积的 80% 以上！与贵州同位于中国之首。武夷山脉横跨闽赣边界，是当年边区的重要根据地；黄岗山高达 2 160.8 米，为全省最高峰！

山区丘陵蕴藏着丰富的林木资源，我儿时就知道，福建是出产木头的地方，故乡口岸龙窝口港河塞满木头的数十家木行，有许多就是从福建转运来的。

如今，作为全国六大林区之一的福建，森林面积达 1.15 亿亩！森林生态是福建省山区最宝贵的天然资源。此外，福建省属于环太平洋成矿带中的重要成矿区之一，矿产资源丰富，有多达 118 种矿种，潜在的矿产价值在 2 400 亿元以上。

山海兼备，是福建省最重要的自然地理特征，也是构建省域发展战略的地理基础。

靠山吃山，靠海吃海。海岸、海洋对福建人更具有吸引力！数据显示，沿海的福州、厦门、莆田、泉州、漳州五市的人口要占福建全省 73.4% 以上，集中分布在沿海狭长的平原低丘。这是由于：沿海土地空间虽然狭小，但人类赖以生存的资源依然十分丰富，有限的耕地、取之不尽的石材、优良的港湾、宽广的滩涂，以至无边无际的大海，都是福建人赖以生存的宝贵资源。福建省沿海人口的容量和承载力要远大于山区。居住在海边的百姓有一种天性，那就是"勤劳"，不怕苦，生存能力很强。其实浙江、广东沿海的百姓也都具有这种天性！

2. 第一侨乡泉州：海上丝绸之路起点

福建省的人口在沿海各省之中不算最多，但由于省域山区面积广大，因而平原、盆地、低丘等宜居的空间人口密度较大，特别是沿海，人口高度密集。福州、厦门、莆田、泉州四地的人口占到全省的 60%！（均不含金门，下同）特别是泉州，人口高达 870 万，占全省 22%；经济总量达 8 467.97 亿元，高于福州、厦门，占全省的 23.65%，均居全省之首。在省域经济社会发展之中，理应更多地关注泉州！

泉州的特殊还与以下两个人口数据有关：第一，祖籍泉州的华侨、华人有 750 多万，港澳同胞 76 万，分布在世界各地 129 个国家和地区；第二，在我国台湾，有 44.8% 的汉族（约 900 万人）祖籍为泉州。另外，还有归侨、侨眷 250 多万人！

为何泉州的华侨、华人那么多？历史解开了这个谜：

① 唐朝中后期，泉州人稠地少，田不足耕，随着海外交通渐趋发达，许多泉州人开始沿着海路出国谋生，侨居异国，形成早期的华侨。五代"闽国"晚期，弊政内乱，大批泉州人逃往国外经商谋生。

② 宋元始，泉州一举成为我国"东方第一大港"，"海上丝绸之路"的起点之一，泉州人经商蔚然成风，在人口增长、人地矛盾尖锐的背景下，出洋异国是兴家立业的不二选择。宋末、元末的战乱，又迫使许多泉州人外逃出洋。

③ 明初，泉州"海禁"，"只通琉球"，但一些"以海为田""以商贸为生"的泉州人，依然冒死出国，多往东南亚地区。后倭寇犯泉，战乱、灾荒，逃生者日多，外出地区拓展至非洲、南美洲。

④ 清初，朝廷在泉州实行"海禁""迁界""毁镇"，造成泉州沿海民众流离失所，大

批民众随泉州南安籍郑成功抗清，并随郑成功的部队东渡台湾，或辗转南洋谋生。

⑤ 鸦片战争后，泉州地区成为西方殖民者拐卖出国"契约华工"的主要来源。此外，因各种原因出洋谋生的自由移民数量也很多。从道光二十一年至宣统三年（1841—1911年），泉州出国人数净增70多万。宣统三年（1911年），泉州籍华侨总数超过80万人，遍及世界50多个国家和地区。

⑥ 民国年间，因匪乱、逃避抓壮丁、农村经济衰败等原因而出洋寓居的人数又有较大增长，至民国三十八年（1949年），泉州出国人数净增达140多万。

⑦ 新中国成立后，泉州民众向国外移民持续不断。1950—1966年、1972—2002年出现两个高峰段，分别为20多万人和50多万人。

以上数据表明，泉州不愧为中国"第一侨乡"（与广东江门相同），同时从华侨的出国原因可以看出，除历史、经济、政治、社会的原因之外，两个地理环境也是重要因素。一是人与地之间的矛盾，二是发达的海上交通，这也解释了中国的海上丝绸之路为什么起始于福建泉州。

中国的华侨、华人祖籍有54%分布在广东，25%在福建。广东的华侨、华人祖籍主要集中在潮汕地区，熟知历史地理的人都知道，潮汕与闽南本为一家，同为一个祖先。从人口来源看，潮汕地区的居民大部分是福建移民的后裔。语言、风土人情，乃至人格个性，吃苦耐劳、外出经商创业的精神是一致的。潮汕、闽南自然同为中国侨乡。

泉州的历史地位和在世界华侨、华人的影响力值得关注（第三卷图2-1、图2-2）。

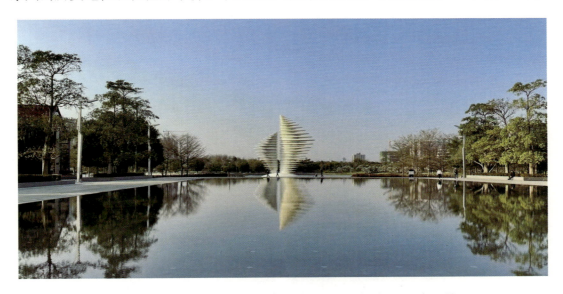

第三卷图2-1　泉州海上丝绸之路艺术公园·亚洲园（2023年3月）

第三卷图2-2　海上远眺厦门（1989年12月）

3. 三江两溪：省域地理空间结构

福建省是由闽江、晋江、九龙江和汀江、交溪五条重要的水系及闽东北若干小河流域组成的一个完整的自然地理区域，唯独西南角水系流入广东省。五大水系及众多支流多为山区性河流，水流湍急，水量大，水力资源丰富。河流的发育催生了福州、泉州、厦门、漳州、莆田五座城市，以及宁德地区（今宁德市）。在20世纪80年代的山区综合科学考察中，我已经感受到河流对福建省自然—生态格局、人类生存繁衍、经济社会发展、行政区域划分产生的巨大且深刻的影响，对省域空间结构产生的决定性意义（第三卷图3-1至图3-4）。

第三卷图3-1　闽江南岸看福州新区（2017年10月）

第三卷图3-2　闽江公园的园铭石（2017年10月）

受到断裂构造的控制，加之河流流经地区的岩性和外力作用的差异，福建各水系河谷形态多呈串珠状，峡谷和盆谷相间排列的地貌特点。在暖热湿润的亚热带季风气候作用下，形成山区、丘陵、盆地、河谷平原的土壤、植被等综合景观的水平和垂直分异，以及相对应的人文、经济地理的空间差异。这种复杂的自然和人文空间系统组合形成福建省域特有的地理空间结构，千余年来从未改变。

第三卷图 3-3　退潮的九龙江口（1989 年 12 月）

第三卷图 3-4　九龙江口及留影（1989 年 12 月）

我在研究中国山丘省份的行政区划中，习惯于将自然区（流域区）、经济区与行政区相互比较、叠加，查看三类空间区域边界的吻合度，从而判断行政区划的科学性，并发现区划可能存在的问题，实践证明这是区划的一个重要原则，也是十分有效的分析方法。

如果将福建省水系图与行政区划两张图进行比较，可以明显地看出：福州与南平、三明三个地级市基本属于闽江水系；宁德市属于三都澳海湾的几个溪流；漳州市基本属于九龙江中下游和西溪等独流入海的山溪；位于闽西南的龙岩市则属于九龙江上游和广东省韩江上游汀江水系；泉州市属晋江水系；莆田位于兴化湾的木兰溪水系等。可以说，福建省地级行政区的空间分界顺应了"山川形便"规则，基本是合理的。

4. 三类区域：吻合与不吻合？

1986 年 11 月，为了顺利进行福建省山区——建溪流域考察任务，在出发之前，我在室内预先做了"功课"——查看相关资料，收集考察区域的地图（第三卷图 4-0）。不久，在福建省计划委员会（简称计委）一位副主任（中国人民大学硕士）的陪同下，前往闽江上游建溪流域初步勘查。途中，我翻看福建省地图册，发现建溪上游流域区的界线与现行行政区划的不吻合现象，随即询问这位主任，建溪上游是否存在行政区划体制的矛盾？这位官员很惊讶，说，您来过？我说，没有！他又问，您怎么知道这个情况？我说，是从福建省地图上发现并推测的，并说，地图是个很好的工具，在山区考察，要注意流域区（自然区）与行政区边界的关系，流域区与行政区边界的不吻合会对城市—区域经济发展和管理带来不利影响。我的发现和观点得到这位经济学出身的省政府官员的高度赞赏。

第三卷图 4-0　闽江流域图、武夷山景区留影（1989 年 12 月）

1987 年元月，考察队向福建省计委、闽江委员会汇报了在建溪流域发现的问题和观点，在省计委的建议下，以"关于福建省建阳地区行政区划及闽江委员会体制等问题的情况与建议"为题的书面报告呈送给省委、省政府，建议"按照方便管理，有利发展，尊重历史，中心辐射和尽可能实行行政区与自然流域区、经济区相一致的原则，调整闽西北地区的行政区划"。

此后，建阳地区南平市的行政区划体制陆陆续续进行了多次调整，但并未完全到位，蕴藏的深层次矛盾未能彻底解决。

5. 闽西北：行政中心驻地的摇摆

历史的经验证明，中国在行政区划调整中，行政中心驻地的选择都是一个具有空间战略意义、十分重要而又敏感的问题。对于被确定为行政中心的城市来说，将极大地推进其发展；反之，对于迁走行政中心的城市来说则有可能是一种伤害、打击！人为地促其衰落。

闽西北地区的行政中心设在南平，还是建阳？这是一个长期争论、十分敏感、难以决策的问题。这其中有复杂的背景、客观的原因，但要从历史、自然、经济的规律，空间的战略规划，科学布局的整体性、全局性，去认识和解决这个难题，寻找科学的出路。❶

---

❶ 关于南平与建阳选址的"折腾"与"尴尬"的问题，参见刘君德所著《我的地理人生：涉足山区·致力政区·钟情社区》第 65-69 页（东南大学出版社，2017 年）。

时过多年，在省委、省政府"干预"下，闽西北地区行政中心南平与建阳之争已经有了结果。新的南平市政府驻地搬迁至位于建阳的武夷山新区，并于2018年开始实施。我以为这个方案实为无奈之举，因为南平这座行政中心和经济中心城市确实没有发展空间，急需迁出政府机关，腾出空间以发展经济，改善民生环境。

为此，2017年我专门去南平进行了考察，再次目睹城区发展空间的局促、发展受阻的情况！不大的山城，人口增加，新住宅无法在市中心区选址，被迫在建溪的山脚建设，楼层的高度都在30层以上，远远超过大城市、特大城市！在中国的地级市中极为罕见（第三卷图5-1至图5-2）！

第三卷图5-1　南平与建阳位置图、南平大桥（2017年10月）

第三卷图5-2　南平市委员会、老城、老城地下通道里卖手工传统家用品的老人（2017年10月）

南平市行政中心的新方案实质是南平、建阳与武夷山三个城市利益博弈、妥协的结果，得益最大的无疑是建阳。南平地区几十年的行政中心之争终于落下帷幕，但"三次"搬家的代价无法估计，它伤了南平地区的元气，南平经济发展徘徊不前，处于福建省之末，行政中心三次搬迁"折腾"的代价恐怕是重要原因；损失最大的还是南平的老百姓，教训极为深刻（第三卷图5-3）。

第六章　闽粤桂琼 | 009

第三卷图 5-3　为应对人口增长建设的高层居住区（南平市城区难寻平地。2017 年 10 月）

6. 为尤溪口设站奔波

1986 年 11 月，在考察队完成建溪流域的考察任务之后，元旦将到，队员们放假回家，我独自一人前往位于南平市东侧、闽江南岸的尤溪县进行专访，因为事先得知水口电站建设对该县唯一的一个火车站——尤溪口站产生重大影响，即水口电站将淹没这个车站，这与鹰厦铁路莱福线改造密切相关（第三卷图 6-1）。

第三卷图 6-1　水口电站的尾闾区域（1986 年 11 月）

这个问题原本不属于考察队范围，但出于考察队长的责任心，很想去听听县里的意见，了解实情，做一些力所能及的工作。一天，我走进了县政府办公室，副县长林新应同志接待了我。他个子不高，是一位干实事的副县长。林县长拿出许多资料，详细地向我介绍了有关情况，反映了几十万人的尤溪百姓强烈要求保留关系县域经济发展命脉的尤溪口火车站，恳切期望考察队向有关部门呼吁，解决这个矛盾。

在听取介绍之后，我立即去尤溪口车站现场，一路上林县长给我讲述了许多尤溪口镇的故事。现场查勘后，一股为数十万尤溪人鸣不平的心顿然涌动！

我深知这是一个涉及铁道部第二和第四设计院，上海铁路分局，福建省有关部门，甚至国家计委、铁道部、水利部等部门复杂利益关系的问题，很难解决。但出于责任心和良心，我决定介入。为此，我利用元旦至春节这段时间收集资料，开展调查，走访了位于武汉的铁道部第四设计院，了解情况，听取意见，寻找证据；最后从数十万尤溪人的合理诉求出发，赶在1987年的春节前夕写成题为"关于闽江口水口电站配套工程外福铁路线太平至莪洋段尤溪设站问题的情况反映"报告❶。该报告建议就这一重要工程，召开协调会议，充分听取尤溪方面的诉求，比较不同方案，科学决策。

报告上书给当时的国务院赵紫阳总理，同时抄送国家计委、国土局、投资局、交通局、铁道部、水电部、中国科学院，福建省领导、省政府、省计委、建委、经济与信息化委员会，闽江委员会，三明市政府和尤溪县政府。一个多月后，尤溪县林副县长给我来信，说我们的情况反映有了下文。李鹏副总理作了批示，大意是，有关水口电站配套工程外福线太平至莪洋段尤溪设站问题的方案，专家有不同意见，建议再召开一次论证协调会加以解决。

为此，1987年3月9日至13日，福建召开了协调会暨专家论证会，国家计委副主任、水利部副部长、铁道部基建局局长等领导参加了会议。直到5月4日，铁道部第二设计院外福线中段总设计负责人给我写来一封信函，并转给三分队一封专函：关于外福线铁路改造工程与尤溪县要求设站问题的汇报。信函强调：

> 由于"情况反映"，（一九七八年）三月九日至十三日在福州召开了一委两部一省会议（水电站协调会），在会议中专门安排了让尤溪县陈述要求设一个火车站的意见，这与你们的反映是分不开的。

其实，在我收到信函之前，尤溪县林新应副县长就已经给我来信，告知：

> 我县派县长等去为尤溪"一站一桥"之事作了专题汇报，会议纪要写了以下一段话："尤溪县要求设站建桥问题：会议听取尤溪县要求设站、建桥的意见，经过讨论认为，铁路部门在下过溪设站是合理的，同时考虑到今后尤溪县经济发展的需要和历史原因，解决尤溪县物资进出通道，可以在下过溪附近建造一座跨闽江公路大桥，由铁道部、水电部各支持200万元，其余部分由地方解决。建桥工期应与外福线工程和水库蓄水情况同步进行。"
>
> 您亲自到我们山区县做调查，听汇报，专题为我县整理文件向上级领导和有关部门反映尤溪的实际情况，我们县委、县政府很受感动，欢迎您今后再来我县做调查，出点子。

对这一结果，我相当满意，也十分欣慰！感慨在中国百业待兴之时，国家高层领导人如此倾听专家的意见，为基层着想，及时处理建设中存在的问题。

2017年10月，在福建省委组织部工作的我的学生廖庆聪的陪同下，专程去了尤溪口，与当年的老镇长见面、拍照留念，傍晚时分，我们漫步在湖边，感受尤溪口之变（第三卷图6-2）！本想去拜访当年的老县长，但得知已经不在，十分遗憾。心想，他是新中国为百姓办实事的一位好县官啊！

---

❶ 考察队成员金鼎馨研究员参与了报告的起草。

第三卷图 6-2　重访尤溪口镇（听老镇长讲述当年的故事。2017 年 10 月）

7. 武夷山考察

武夷山是福建之"宝"，也是世界名山。"武夷山"的地域名称至少有三种诠释：

一是指自然地理的武夷山脉。通指闽赣边界的武夷山区，长约 550 千米，海拔 1 000 米左右。它是赣江、抚河、信江与闽江的分水岭，总面积为 999.75 平方千米，属典型的丹霞地貌。主峰黄岗山，海拔 2 158 米，为中国大陆东南部最高峰。

二是指武夷山的自然保护区。地跨福建省武夷山、建阳、光泽三市（县）和江西省铅山县，面积为 56 527 平方米，森林覆盖率达 95.3%，是世界同纬度带现存面积最大、保存最完整的中亚热带森林生态系统，被喻为"昆虫世界""鸟的天堂""蛇的王国""世界生物之窗"和"天然植物园"。保护区建于 1979 年，1987 年被联合国教科文组织接纳为"人与生物圈"世界自然保护网成员，1992 年被联合国定为全球多样性保护区。武夷山具有丰富的历史文化遗存。拥有国内外绝无仅有、偏居中国一隅的"古闽族"文化和其后的"闽越族"文化，绵延 2 000 多年之久，留下众多的文化遗存。位于武夷山市兴田镇城村西南的古汉城遗址，为武夷山世界文化和自然遗产的三个组成部分之一。

三是指武夷山市。它是一个行政区域的概念，位于福建省西北部，是 1989 年 8 月撤销崇安县建立、归属南平市管辖的县级市，其面积为 2 798 平方千米、人口 26 万（2020 年）。

此外，尚有武夷新区的地域名称。它是福建省省委、省政府为充分利用武夷山"双世遗"品牌优势以及建阳工业区的工业优势，改善南平地区发展环境、打造发展平台而设置的新区。武夷新区包括县级武夷山市全境、建阳区的部分乡镇、街道办事处，还涉及邵武市、光泽县的部分乡镇，土地面积约为 4 132 平方千米。武夷新区规划的中心城区总用地面积近 300 平方千米、总人口 57 万，定位为国际性文化与自然旅游目的地、闽北区域中心城市的核心区、宜居宜游宜业的生态新城。据此，建阳、武夷山将连成一体，成为闽浙赣交界区域重要中心城市。

可见，"武夷山"这个专名很吃香。地方政府都想占"武夷山"的光，托"武夷山"的福！可对于大众来说，却增加了不少烦恼。要去武夷山旅游，必须搞清楚哪个站下车，一不小心就会上当，犯错！我不赞同方位指向如此模糊的命名、更名！当今的中国这种现象并非个例。

20 世纪 80 年代，我多次去过武夷山，涉及保护区、武夷山区、武夷山市，考察队员们在武夷山区跋山涉水，领略了大自然赐予武夷山独特的自然风光，体验了自然山水给先人们留下的独特历史人文环境和宝贵文化遗产。那独特的丹霞地貌，从万丈高处直泻而下的山川溪流，以及在峡谷湖水中缓缓穿梭的飘舟，亲临其境，犹如仙境。

武夷山的旅游业有了长足的发展。2019 年，旅游人数已经达到 1 625.66 万，旅游收入达 359.11 亿元，而同年的地区生产总值则为 207 亿元！

回忆数十年前的武夷山区考察（第三卷图 7-1、图 7-2），一个当时关注的问题至今仍在脑海中回荡。20 世纪 80 年代初，武夷山保护区发生了一次影响很广的"毁林事件"，有人在事件发生地树立了一个"毁林碑"，一时间引起社会广泛议论，考察队主张保留，并以书面专文上报有关部门。

第六章 闽粤桂琼 | 013

第三卷图 7-1　武夷山区调查留影（1988 年 10 月）

第三卷图 7-2　武夷山区调研与叶忠海教授合影（1988 年 10 月）

在新时代，我以为，武夷山地区的发展应注意四个问题。

第一，处理好武夷山地区复杂的空间关系，即自然区、保护区、旅游景区与行政区域之间的利益摩擦和管理关系，探求最为有效和平衡各种关系的管理体制；第二，"武夷山"专名的滥用使地名失去了方位指向意义，是否应该提上议事日程，研究解决？第三，南平地区由于行政中心摇摆导致的三次搬家所造成的经济损失、耗费的大量财力如何挽回，当下如何加快发展？第四，南平地区以武夷山为品牌的规划似乎过于"宏伟"庞大，在目前极为有限的财力下，何时才能实现？能否实现？这些都需要做务实的思考。

8. 石狮独立设市

自唐朝以来，石狮一直归属泉州所属的晋江管辖，清乾隆三十一年（1766年），曾升格为晋江县石狮分县，后又复归晋江县辖，直至新中国成立后的1953年，石狮成立区人民政府，1955年9月，恢复镇建制，直至1986年初。

1987年12月中旬，国务院批准，析晋江县石狮、蚶江、永宁三个镇和祥芝乡设置县级石狮市（第三卷图8-0），由泉州市代管，并作为福建省综合改革试验区。

第三卷图8-0　石狮的古塔和港口码头（2020年）

石狮由镇升格为县级市之前后，一直引起我的关注。在设市之前，大约1985年前后，在泉州市有关部门同志陪同下，我去石狮镇考察，印象很深。它地处泉州滨海，借助海上开放的活跃贸易优势，在改革大潮中发育发展了小商品市场经济，服装、鞋袜等小商品生产、加工、销售异常活跃，人气很旺，犹如一座小城市，似乎是温州模式的翻版！

1990年，中国行政区划研究中心成立之后，我在研究中国城市制度改革问题时，深感石狮是中国设市制度改革的一个重大突破。为此，1996年的暑假，我带领一位弟子前往石狮市进行调研，一位厦门大学研究生毕业的女市长热情接待了我们，在参观调查石狮的城市建设和市场之后，为这座新兴城市叫好！当时认为，石狮模式完全可以复制和推广！

返沪后，我在《经济地理》期刊1996年第4期发表了《石狮设市模式剖析：关于我国设市体制改革和完善的思考》一文。这也许是国内最早关于镇升格县级市的论文。

9. 奇特的闽西南土楼文化

1988年10月，我们与福建省人事厅合作的国家自然科学基金项目"中国东南部山区人才开发与教育改革综合研究"课题开始调研，确定福州、崇安、南平、漳州和南靖为调研重点。在南靖调研时，参观考察了一个村子的奇特民居——土楼，我们从土楼的正门进去，三层楼的圆形围合结构，楼上楼下密密麻麻住着许多农户，如同一个大家族。土楼就地取材，以土垒墙，木质楼板，成本低廉，土墙厚实，做工考究，结实耐住，防御性能好，结构和外形独特，多有圆形和方形，窗户少而小，美观大方。参观中，我好奇地询问了许多问题，比如：土楼的起源、优点；如何处理土楼里的社群关系；农民新建住宅还会建这样的楼吗。这些问题均得到满意的回答。后期冯木波提供了精美图片2张（第三卷图9-1、图9-2）。

第三卷图 9-1　南靖土楼 1（2020 年）

第三卷图 9-2　南靖土楼 2（2020 年）

早期迁到闽西、闽南的客家人，为了有效防止盗窃和抵御匪患，也有利于家族内的人实行群居生活，在传承中原汉族建筑风格的基础上，根据闽西南的地形地势、气候特点建造了这种特殊形态结构的土楼。

最早的土楼建于唐代，当今保留的则多是清代建造。我们参观的圆形土楼由两圈组成，两环相套。外圈高十米，三层，百余个房间，一层设厨房、餐厅，二层是仓库，三层为卧室；内圈两层有三百余房间，多客房，正中间设有祖堂，作为公共场所用于婚丧嫁娶。楼内还有水井、浴室、磨坊等设施。一般每座土楼都有一个名字，多取自于族谱祖训。有的在制造土墙的建筑材料红壤土中还加入了蛋清、红糖和糯米饭，以增强土墙的黏性。土墙底部厚达3米，顶层不小于0.9米，沿圆形外墙以木板分割为许多房间，内侧设走廊。在福建的自然环境下，土楼还具有防震、防火，隔热保温，冬暖夏凉的特点。

由于社会族群的分化，社会的发展，现代农村已经不再建造土楼了，保留的土楼村成为观光旅游、了解风土人情的好去处。

千百年来，土楼凝聚着闽西南客家人社群的一种特殊文化，表现出客家人家族社群的向心性、匀称性，以及血缘性聚居的特征，可以说是传统儒家文化和道家文化的一个缩影。

10. 省会福州观察

20世纪80年代在闽江尤其是建溪流域开展国土资源开发利用调查时，福州作为福建省的省会城市是我们常去的地方，那时候福州留给我的印象是其滨江靠海，临近马尾，地理位置险要，城市规模不大。新中国成立初期在台海军事对抗时期，福州缺少资金投入，城市破旧，在老城里木质结构街坊甚至是歪着的，依靠一排街坊连为一体支撑着，看似摇摇欲坠，很易倒塌。但我对位于福州东郊闽江北岸的鼓山公园却留下较深印象，山不高，花岗岩石体，经长期风化千姿百态，园内有古寺、石刻等。登山顶可观日出，东望大海。

光阴似箭，一晃数十年过去了，期间去过厦门、泉州等地，未能走进福州。2017年想去看看南平市，特别是三明市的尤溪口，才再次踏进这座省城（第三卷图10-1至图10-3）。我们参观访问了老城三坊七巷社区和严复故居，拜访了福建师范大学地理学同行，游览了市内公园——于山和闽江公园等，福州大变样了！东倒西歪的老屋不见了，城市大了，美了，长高了，管理有序了，唯独没有变的似乎是市区的火车站。

第三卷图 10-1　福州于山风景区（2017 年 10 月）

第三卷图 10-2　严复故居（2017 年 10 月）

第三卷图 10-3　福州老城街道留影（2017 年 10 月）

福州是福建省的省会城市，也是国务院批复确定的海峡西岸经济中心城市之一、滨江滨海生态园林城市。全省下辖 6 个市辖区、1 个县级市、6 个县，总面积为 11 968 平方千米、建成区面积 416 平方千米，2020 年常住人口 832 万，实现地区生产总值 10 020 亿元，仅次于泉州，但高于厦门，居第 2 位。福建省正在努力把福州建设成为有福之州，幸福之城，向国际化都市迈进（第三卷图 10-4）。

第三卷图 10-4　访福州老城——三坊七巷社区留影（2017 年 10 月）

11. 厦门拾零

厦门是我去过次数最多的城市之一，这座城市的个性和魅力吸引着我。一次被邀参加厦门生态市建设规划的评审会，使我对厦门有了较全面和深刻了解；而社会体验最深的则是在鼓浪屿生活的几天，以及访问厦门集美大学期间，在我的学生陈玉慧教授带领下对集大、集美社区和灌口镇进行的深入考察。

厦门是一座美丽的半岛海滨城市，在我去过所有的城市之中，厦门是最文明的城市之一！

2007 年我访问了集美大学。我和老伴一下飞机，乘坐公交去集美。一上车，发现车上的人很多，正在为人多无座位发愁时，立刻有两三位乘客站立让座，顿时让我们十分感动，我们在上海生活经常乘坐公交、地铁，如此让座的情况稀有！我时常抱怨，中国人怎么了，兜里有钱了，但不少人却丢掉了中华礼仪和文明！而厦门不是，难能可贵啊！

另一次是在参观厦门市区时，一位非常有礼貌的驾驶员驱车带我们去海边一座招待所（酒店），看到刻在山崖上的"一国两制，祖国统一"醒目的八个大字。我站在这里，遥望对岸（金门），那一刻思念台湾同胞的一种乡愁，渴望台湾同胞早日回归祖国的心情难以言表！当年，正是在这里与对岸的金门相互炮击，据说从来没有真正打在岛上。两岸同胞血浓于水，都是中华儿女啊！

住在鼓浪屿，面临大海，看看岛上的古树、保存完好的老屋、古街，你会感受到岛上生活的"自由""清净""悠闲"，一种特有的鼓浪屿生活情调！

从鼓浪屿坐船上岸，在厦门老街（中山路、局口路等）溜达，一条街道和路名——局口街和太平路引起我的注意。花岗岩刻成的太平街路碑介绍了它的来历。厦门开马路时期，因为拆迁，居民纠纷不断，路成后纠纷平息，随以太平作路名。当时的老街多洋行商铺，人潮如织，为厦门本货与外洋通商之繁华场所。这个路名被我立马拍下（第三卷图11-1至图11-7）。

第三卷图11-1　厦门老街（2007年12月）

第三卷图11-2　太平路局口街及老字号名店（2007年12月）

第三卷图 11-3　厦门大学（2007 年 12 月）

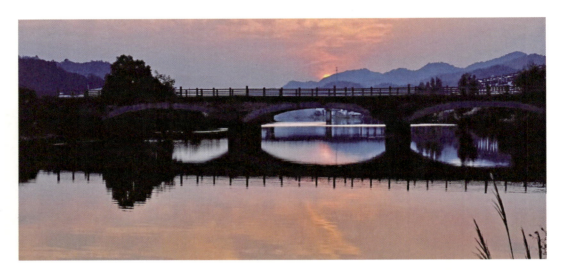

第三卷图 11-4　厦门大学及附近海域（2007 年 12 月）

第三卷图 11-5　入住厦门与金门距离最近的酒店——鹭江宾馆及附近风景（2007 年 12 月）

第三卷图 11-6　厦门环岛路上标志性构筑物——一国两制统一中国的标语牌
（与台湾的金门岛相望。2007 年 12 月）

第三卷图 11-7　厦门鼓浪屿（2007 年 12 月）

第六章　闽粤桂琼 | 023

12. 集美：校区·政区·社区的"三合一"

在厦门的集美我发现了一个有趣的现象，即集美大学校区与集美行政区、陈嘉庚家乡的社区，"三区"之间特殊而巧妙地融合。三区之间没有围墙，初来乍到，走在马路上你可能分不出哪里是校区，哪里是社区！校区与政区、社区的"一体化"现象在国内城市之中极为少见。社区是集美的"根（源泉）"，政区是集美的"界（行政范围）"，校区则是集美的"特（提升）"。"三区"融合的集美，是一个特殊的空间，意味着开放、融合和现代，体现了个性化、时尚的地域文化特质！

2007年12月28日，我的日记上写着："校在城中，城在校中；校在园中，园在校中；校在村中，村在校中；校村一体，校城一体。""集美学村"给我留下非常深刻的印象（第三卷图12-1至图12-6）。

第三卷图12-1　厦门集美大学（2007年12月）

第三卷图12-2　陈嘉庚先生故居（2007年12月）

第三卷图 12-3　厦门集美村（2007 年 12 月）

第三卷图 12-4　陈嘉庚先生故居前留影（2007 年 12 月）

第三卷图 12-5　潮涨潮落、厦门集美海湾（2007 年 12 月）

 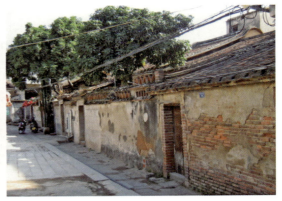

第三卷图 12-6　集美灌口镇——厦门的新兴发展区、灌口老街（2007 年 12 月）

13. 福建发展需要处理好的几个空间战略关系

基于福建省的特殊地缘政治和战略地位、特殊地理环境和经济—社会—文化—生态结构，在新时代，需要处理好以下空间战略关系：

（1）山与海的关系。福建省依山傍海，山离开不了海，海不能离开山。资源丰富的山区和海洋，自古以来就是福建人生命的源泉，发展的依托和平台，要科学开发山区资源，合理利用海洋资源，做好山区和海洋这两篇大文章，处理好陆和海之间的生态、经济关系，山和海都要把生态环境保护放在头等重要的地位，在保护中开发，在开发中保护，永续利用，可持续发展。

（2）沿海与内地的关系。就福建自身来看，山与海的关系实为沿海与内地的关系。"沿海"发展环境好，人口—城镇—产业集聚，经济发达，是福建省的经济重心，对外经济联系的枢纽与基地；"内地"面积较广，经过计划经济时期的建设，有相当经济基础，更是省域生态之源和"根"。要处理好沿海与内地的经济—社会关系，沿海是重点，兼顾内地发展。建立沿海与内地的产业发展链，提升产品的品质，增强海内外的竞争力。

（3）海峡两岸的关系。充分利用临近台湾的地理区位优势，着眼于未来，加强两岸的经济—社会—人文、企业—文化交流合作，充分发挥台资在福建的作用，造福两岸人民，积极推进台湾早日回归，在实现祖国统一大业中发挥福建省的桥头堡作用。有人建议修建厦门至金门的大桥，我看未尝不可。

（4）本省人与海外华侨、华人的关系。福建与广东同为中国的侨乡，华侨数量多，影响大，对省域，特别是沿海经济发展的贡献大。福建经济离不开华侨、华人，要继续发扬这一优势和特色，充分调动华侨、华人回乡创业的积极性，推进国际市场营销，提升国际竞争力。

（5）省域城市体系内部的关系。福州、厦门、泉州为福建省三大经济中心城市，2018年福建省地级市的经济总量排名，前三甲分别为泉州（8 468 亿元）、福州（7 857 亿元）、厦门（4 791 亿元）；按人口平均，其排名则相反，厦门（119 487 元）居一，福州（102 569 元）居二，泉州（97 896 元）居三。

之所以形成如此格局，与福建省特殊的地理环境、历史文化背景、交通—城市空间格局、城市功能定位及经济体制相关，特别是市场经济体制作用的结果，也是城市空间发展客观规律的必然。我以为：福建省在处理省会城市与副省级城市及区域经济中心城市的关系上，要尊重客观规律、依据省情合理布局、科学发展；把握好相互之间的分工合作关系，各得其所，相互促进；新时代，福建要继续遵循客观规律，强力推进福州、厦漳泉两个大都市区建设，合理分工，相互促进；以两大都市区为依托，以都市区和中心城市为核心，走大中小城市和小城镇协调发展的具有福建特色的新型城镇化道路；形成以省会福州、特区城市厦门为核心，沿海为重点，省域双中心分工合作、全面发展的新格局、新体系（第三卷图 13-0）。

第三卷图 13-0　拜会福建师范大学老校长——朱鹤健教授（2007 年 12 月）

（十八）广东省

14. 开放前沿的经济强省

广东省，古为南粤辖地，简称粤。五代时期，广东与广西同属广南地区，明初分设为广东、广西两省，广东由广南东路简化而来，省会城市是广州。全省下辖21个地级市（65个市辖区）、20个县级市、34个县和3个自治县，其面积为18万平方千米、常住人口达12 600万（2020年），为中国人口第一大省。

广东省位于祖国大陆南缘，中国的南大门，面临南海，有长达4 300多千米的大陆海岸线，东、北、西三面与福建、江西、湖南、广西4省区接壤，隔琼州海峡与海南省相望，与香港、澳门特别行政区相连，地理位置重要，为海上丝绸之路的发源地之一。

广东省作为改革开放的前沿阵地，设立深圳、珠海经济特区，引进先进发展理念，推进市场经济体制，经济发展迅速，为世人关注。2020年GDP总量突破11万亿大关，从1989年起连续30年经济总量位居全国首位，用"富可敌国"来形容广东的经济并不为过。

自明初以来，广东的经济一直在中国占有重要地位。海上丝绸之路的开辟，与海外通商，密切的交往促进了广东经济的发展。广州市很早就是中国沟通东南亚、非洲、欧洲的重要港口，明清时期，依托其特殊优越的地理位置和地缘政治环境，以广州为核心的珠三角地区成为中华民族资本发展最早和最快的地区之一。国民党统治时期，广东银行一度成为除中央银行之外的国家级金融机构。

新中国成立后，广东与其他沿海省份一样，为国家非重点投资发展地区，它在全国的经济地位一度下降。1978年，邓小平看准了广东紧邻港澳的特殊区域政治环境，以及广东人的特质，大力推进以放权和给予特殊政策为核心的一系列举措，将广东省作为中国改革开放与现代化建设先行省区，广东省域经济大发展。改革开放40年来，广东省始终领跑着中国的省区经济。

广东省之所以能够保持经济高速发展：一是得益于中央赋予的改革权；二是善用和灵活运用各种"特殊政策"；三是借鉴港澳和国外的成熟经验，结合广东实际，推进改革，极大地调动了发展的积极性和人的发展潜能；四是平稳健康地发展民营经济，使之成长为广东经济的主体力量；五是顺应国内外市场需求的变化，及时调整结构，转型发展；六是坚持理念创新、科技创新、产品创新、管理创新。其最根本、最核心的实际上是尊重市场规律，不断推进改革，改革才是广东省经济发展的强大推动力。

广东省经济发展的成功，是地缘优势、政策优势、土地和资本优势等资源配置平衡、叠加的结果，是在邓小平理论指导下的一个创造性实践。

进一步提升国际竞争力，提高科技含量，提高产出效益，解决省内区域发展严重不平衡等问题，是新时代广东省经济发展面临的重要任务，也是一个巨大挑战！

20世纪六七十年代，我曾到访中山大学、华南师范大学、广州地理研究所等兄弟单位学习取经，拜访过经济地理学界的老前辈；改革开放以来，与广东省，特别是中山大学、广州地理研究所等单位同龄学者的交流就更多了。80年代，广州地理研究所组建了中国科学院南方山区考察队第四分队，期间组织参观的粤北山区和沿海城乡的考察活动令我印象深刻。2000年左右，连续多年前往中山大学地理系主持博士论文答辩。中国行政区划研究中心成立之后，又多次随同民政部区划地名司赴广州等地调研、考察，参加学术交流和研讨会议，对改革开放前沿的珠三角有了较深的了解（第三卷图14-1、图14-2）。2013年，我承接了中国城市规划设计研究院深圳分院的课题"基于新型城镇化的广东省行政区划战略研究"，对广东省的空间结构和地理问题，以及与之紧密联系的行政区划体制问题进行了全面的深入思考，提出了许多改革建议（第三卷图14-3）。

第三卷图 14-1　与中国科学院地理研究所等专家在深圳、珠海特区合影（1996年）

第三卷图 14-2　20世纪90年代的深圳蛇口（1996年）

第三卷图 14-3　深圳莲花山公园的邓小平雕塑、题词（2013 年 8 月）

2019 年，我 82 岁，得弟子秦学、文亚青两位教授等的帮助，重游了潮汕地区和广州、佛山、东莞、茂名、湛江等沿海城市，对广东省沿海城市经济带又有了许多新的感性认知。

15. 岭南文化传承之省

我多次在广东省进行考察，体验了独特的岭南文化。

岭南文化是中华民族灿烂文化中最具特色和活力的地域文化之一。近代中国被迫打开国门之后，一直被视为边缘的岭南得风气之先，向西方学习现代科学与民主思想，寻找救国强国的真理，推进中西文化交流。岭南文化受香港文化影响较深，特别是20世纪六七十年代崛起的香港，在重"实"的广东人心目中成为一种高位文化。香港人突出的经济头脑、注重享受的生活特点等深刻影响着广东。

岭南文化与众不同的开放心态和冒险进取精神，多元、务实、开放、兼容、创新等特点，对岭南地区乃至全国的经济、社会发展起着积极的推动作用。潮州文化是岭南文化的重要组成部分（第三卷图15-1、图15-2）。

第三卷图15-1　潮州市老城（2019年2月）

第三卷图15-2　潮州市春节之香火（2019年2月）

我以为，邓小平选择广东，选择深圳推进改革开放，地理区位和岭南文化精神是一个十分重要的因素。这种精神的迅速传导、推移，使中国大地在改革开放40年中取得世人瞩目伟大成就。新时期，广东承担着率先实现社会主义现代化的使命，岭南文化日益显示出其与时俱进的生命力（第三卷图15-3、图15-4）。

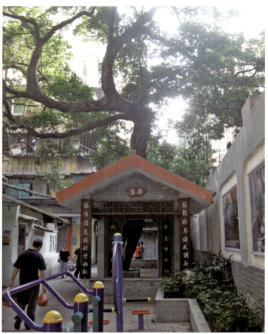

第三卷图 15-3　广东省广州市六榕街盘福社区文化角落（2013 年 11 月）

第三卷图 15-4　广东省广州市六榕街盘福社区里弄社区文化活动
（可见岭南文化的种子植根于社区。2013 年 11 月）

16. 海外侨胞大省

广东是中国侨乡文化的典型代表之一。五邑、广府侨乡文化的开放、学习、接纳，"侨"而不崇洋媚外，"乡"而不迂腐，凸显出侨乡文化形成的历史底蕴和民族特性，是华侨文化可持续发展的根源所在，在中国华侨史上占有不可替代的地位。

根据广东省政府网站数据,广东有2 000多万海外侨胞,约占全国华侨、华人的2/3,侨乡主要集中在珠三角、潮汕平原和梅州地区。广府语系地区的归侨、侨眷约有800万人,潮汕语系地区归侨、侨眷约有700万人,客家语系地区的归侨、侨眷约有500万人。

改革开放以来,由于包括港澳台在内的中国新移民的大量增加,加上海外传统华社人口的自然增长,海外华侨、华人群体的数量迅速增长,新移民数量超过千万,大部分来自中国大陆,近1/3为来自港台和中国大陆的留学生及其眷属;相对于老移民,新移民中有较高教育水平和经济实力的占比较大。从地区分布看,东南亚华侨、华人的占比下降;北美洲、欧洲的华侨、华人的占比提升;在拉丁美洲、非洲和中东各地,出现许多新的华侨、华人聚居区。

古往今来,华侨、华人对祖国的贡献巨大。海外华侨、华人所具有的进取、勤劳、开放、包容、奉献精神和特质,是广东省经济,特别是侨乡经济高速发展的重要因素。

在广东省的侨乡经济迅速发展的同时,侨乡文化也得到了良好的保护。2007年6月28日在新西兰举行的第31届世界遗产大会上,中国广东省的开平市碉楼古建筑群通过投票表决,入选《世界遗产名录》,这是广东省的第一个世界文化遗产。2019年2月,在弟子秦学的陪同下,我们专程考察了碉楼最为集中的开平市,在自力村留下许多足迹和影像(第三卷图16-1至图16-3)。

第三卷图16-1 开平市自力村碉楼群景点标牌(2019年2月)

第三卷图 16-2　开平市自力村碉楼群及留影（2019 年 2 月）

第三卷图 16-3　开平市老城修缮保护的建筑和街道（2019 年 2 月）

17. 珠三角：粤港澳大湾区战略重心

广东省山、海兼备，东西略长，省内差异较大。综合多种要素，全省可分为四大区域：珠三角、粤北地区、粤东沿海和粤西沿海地区。山区和珠三角及沿海平原迥然不同，不仅表现在地理地貌植被景观、人文环境方面，更表现在经济发展水平、产业结构、城市空间结构等方面。以 2017 年为例，广东经济总量接近 9 万亿元，但约 80% 集中在珠三角。这是中国省域经济发展中不平衡现象最为严重的省区，是广东省发展中需要引起高度关注和解决的重大问题（第三卷图 17-1）。

第三卷图 17-1　广东省人民政府办公楼

珠三角位于广东省珠江入海处，包括广州、佛山、肇庆、中山、珠海、江门、惠州、东莞、深圳九大城市，毗邻港澳，与东南亚地区隔海相望，海陆交通便利，被称为中国的"南大门"。它是中国三大城市群之一，是中国人口最多、综合实力最强、活力和创新能力最强的经济区域之一，也是中国参与经济全球化的主体区域。珠三角经济辐射至华南、华中和西南地区，与港澳及世界五大洲、100 多个国家有着频繁的经济往来。作为中国改革开放前沿，政府职能转变是推动区域经济发展的关键。

1994 年，我到访过建设中的珠海，之后的 2000 年，我曾应邀出席顺德市政府职能转变研讨会，并发言（第三卷图 17-2）。

第三卷图 17-2　开发初期在东莞火车站下车、21 世纪初参加顺德的城市职能研讨会

作为国家开放创新的先行区和战略重点区域，珠三角将与港澳携手，共同打造粤港澳大湾区，努力建设成为与美国纽约湾区、旧金山湾区和日本东京湾区并肩的世界四大湾区之一。

18. 粤东沿海：三驾马车何去何从？

粤东，也称潮汕地区，是一个自然—文化地理区的概念，位于广东省东部沿海，与福建省漳州市毗邻，主要包括潮州、汕头、揭阳与汕尾及所属县市。粤东的总面积为15 516平方千米，占广东全省的8.6%，常住人口1 689万（2010年），占广东省的16.2%，人口密度超过1 100人/平方千米，高出广东省人口密度（460人/平方千米）的两倍多，是广东人口最稠密的地区之一。

粤东地区平原与丘陵相间，海岸线较长，港口资源丰富，以潮汕文化为主体、侨乡的区域个性十分突出。从当今的经济地理区域的分工联系来看，汕尾归属于大珠三角经济区。

潮州地区的行政建置始于秦汉时期。明洪武二年（1369年）改潮州路为潮州府，行政中心转移至潮州城，统领海阳、潮阳、揭阳、程乡4个县。清承明制，潮州府领11个县。清末民初，潮州基本定型为潮安（海阳）、潮阳、揭阳、惠来、普宁、澄海、饶平、丰顺、大埔9个县，前8个县史称"潮州八邑"，也是今海内外潮州民系界定标准。

清咸丰十年（1860年）汕头港开埠，发展为港口城市。20世纪30年代，汕头港口吞吐量一度雄居全国第3位，成为粤东、闽西南、赣东南的交通枢纽、进出口商品集散地。1921年后，汕头成立市政厅，1930年设立市政府，从此，汕头逐渐成为粤东地区继潮州城之后的另一区域中心城市。

1956年改粤东政区为汕头地区专员公署，驻地汕头市，辖18个县。1991年分治为今潮州、汕头、揭阳三个地级市。其中，揭阳市由揭阳县升格为地级市，潮州市由副地级市升格为地级市。

潮汕地区是全球潮汕人和潮商的发源地。唐代就是中国海上丝绸之路的重要始发港，也是近代中国最大的移民口岸之一，在海外的华侨、华人和港澳台同胞达数百万，遍布世界许多国家和地区。

汕头市为广东省经济较发达的地区之一，但与珠三角相比较，经济差距较大。

潮汕地区地缘、族群、方言和民俗相同，经济联系紧密，区域内部的均一性甚于差异性。今日之3个并列的地级市，虽然存在着各自城市个性（潮州为文化名城，汕头为港口城市等），但距离较近，三驾马车严重分割了区域共性，有碍于合作发展。其弊端主要表现在四方面：第一，一分为三的行政壁垒，滋生重重矛盾，不利于潮汕地区的资源整合；第二，行政壁垒带来空间的割裂，使原有的区位优势、特区优势和侨乡优势无法正常发挥；第三，各自为政，恶性竞争、重复建设，严重影响潮汕地区产业的科学布局、规划建设，难以形成侨乡优势和有效对接外来投资的发展平台；第四，行政壁垒人为地割裂了潮汕文化圈，使其凝聚力下降，原本海内外潮汕籍人士的精诚合作大打折扣。

潮汕地区三驾马车的状态在学界、民间，乃至海外侨界引起反响。我以为，数十年来，粤东地区经济、社会发展相对滞后的根本原因之一，恐怕就是这种分割的行政区划体制。三市重归一统，是必由之路。

近年来，广东省委、省政府已意识到发展中存在的问题，提出了潮汕三市同城化发展思路。但要从根本上改变潮汕地区当前的困境，要彻底打破三市之间的行政壁垒，从实际情况出发，在省委、省政府领导下，组建潮汕揭区域合作发展与治理委员会，切实有效推进三市的合作（第三卷图18-1至图18-8）。

第三卷图 18-1　潮州的韩江大桥（2019 年 2 月）

第三卷图 18-2　潮州弄堂口的老郑生煎（2019 年 2 月）

第三卷图 18-3　汕头商业街、高新区（2019 年 2 月）

第三卷图 18-4　汕头港口大桥、汕头大学留影（2019 年 2 月）

第三卷图 18-5　揭阳古建筑（2019 年 2 月）　　　第三卷图 18-6　揭阳街景（2019 年 2 月）

第三卷图 18-7　揭阳留影（2019 年 2 月）

第三卷图 18-8　揭阳市代管的普宁市广三镇湖内村（2019 年 2 月）

19. 粤西：湛江·茂名谁领头？

粤西位于广东省西部沿海，与广西壮族自治区的北海、玉林、梧州相接，由雷州半岛和沿海平原及台地、丘陵组成。广东省第三大水系、沿海河系中的最大河流鉴江流经本区，海岸线长，港口众多。因位于亚热带南部，是全国糖蔗、橡胶、剑麻等热带作物生产基地，最大的荔枝、香蕉、龙眼和蔬菜生产基地。

茂名石油化工学院我的弟子文亚青教授全程陪同了粤西的考察（第三卷图19-1）。

粤西地区涵盖湛江、茂名、阳江三个地级市，湛江和茂名是粤西地区最大的海港和中心城市，阳江设立地级市较晚，规模较小。湛江和茂名谁该成为粤西的领头羊？论城市规模和经济水平，茂名略高于湛江（2018年），将发展为世界级石化基地、全省能源物流基地；但在地理区位、海湾环境，港口条件与综合性职能、城市景观及吸引力等方面，湛江略优于茂名。建设粤西湛江和茂名双中心都市区，并与阳江共建粤西沿海经济带是明智选择。

第三卷图19-1 与弟子文亚青教授合影

1) 湛江

湛江是全国首批（1984年）14个沿海开放城市之一，也是北部湾经济圈的经济中心之一，中国大陆通往东南亚、欧洲、非洲和大洋洲航程最短的港口城市之一。它还是中国海军南海舰队司令部所在地。湛江依托其特有的地理区位、港湾条件、资源禀赋、产业基础定位为东南沿海重要的港口城市、广东省域副中心城市，担负有国家重要的石化、钢铁产业基地，服务于南海资源开发的重要基地，也是全国性综合交通枢纽，广东省面向东盟合作的综合试验区（第三卷图19-2至图19-9）。

第三卷图19-2 湛江市域的南亚热带植物园（2019年2月）

第三卷图 19-3　路经广东海洋大学（2019 年 2 月）

第三卷图 19-4　远眺雷州湾畔湛江新城 1（2019 年 2 月）

第三卷图 19-5　远眺雷州湾畔湛江新城 2（2019 年 2 月）

第三卷图 19-6　湛江中心商务区（2019 年 2 月）

第三卷图 19-7　海上游船观湛江（2019 年 2 月）

第三卷图 19-8　湛江港及留影（2019 年 2 月）

第三卷图 19-9　连接湛江与东海岛的湛江大桥（2019 年 2 月）

2）茂名

茂名是中国唯一用道士姓名命名的城市，源自古代粤西人潘茂名。潘茂名是高州根子镇潘坡村人，是一位养生研药、治病救人的道士，因在粤西为黎民百姓治愈瘟疫，接济拯救民众，其高尚的人格魅力和精神广为流传。为纪念和弘扬其功德，后人修建了"潘茂名纪念公园"。

新中国成立后，在茂名发现大型油页岩矿藏，遂发展成为新型石油化工城市，几十年来为国家能源、化工做出重要贡献。2019年2月中旬，我在茂名逗留了三天，参观走访了年炼油规模达1 800多万吨、拥有世界最先进装置的炼油厂和港口码头，高州水库和近郊区县县域副中心的规划建设，领略了乡村的风土人情，其环境治理的水平、有序的港口布局和粤西特有的乡村习俗给我的印象很深，特别是高州市域副中心的规划建设，我认为，茂名对全国规模较大且行政中心偏离几何中心的县市具有重要启示和借鉴意义（第三卷图19-10至图19-16）。

第三卷图19-10　潘茂名纪念公园（2019年2月）

第三卷图19-11　从隔湖（原开采油页岩的矿坑）远眺茂名、茂名石化公司（2019年2月）

第三卷图 19-12　茂名石化港、储油罐（2019 年 2 月）

第三卷图 19-13　茂名街头的南亚热带行道老树、栽种的木棉花（2019 年 2 月）

第三卷图 19-14　茂名市人民广场（2019 年 2 月）

第三卷图 19-15　茂名市的高州水库（2019 年 2 月）

第三卷图 19-16　茂名市下辖的高州市长坡县域副中心——长坡镇的广告牌（2019 年 2 月）

第六章　闽粤桂琼

20. 粤北山区：贫困还要持续多久？

粤北通指广东省的北部山区，与湖南、江西、福建、广西四个省区相邻。包括清远、韶关、河源、梅州与被肇庆分割的云浮及其所属山区县市，土地面积占广东省的近 45%，人口约占 22.2%。粤北地区是客家民系形成与发展的重点区域，也是广府民系南迁的重要中转站。

粤北山区自然环境复杂，经济基础较差，是广东省的经济不发达区域。20 世纪 80 年代在南方山区考察时，连县（今连州市）是粤北山区最贫困的县，被作为考察队四分队（由中国科学院广州地理研究所组建）的山区试点县，曾在此召开过山区治理经验交流和工作会议。我出席了会议，对连县的严重贫困状况印象深刻。此外，顺便调研了周边地区（第三卷图 20-1）。

第三卷图 20-1　珠三角肇庆地区工业资源开发利用调研留影（1989 年 12 月）

改革开放 40 年来，珠三角的高速发展拉大了与粤北山区的经济差距。如何破解"最富在广东，最穷在粤北"的难题？这是省域经济发展的一项不应回避的挑战。应当说，广东省基于市场经济规律，优先发展条件优越、临近港澳的珠三角是无可厚非的。多年来，广东省政府为加速发展粤北山区，也采取了许多措施，如由珠三角发达地区城市（东莞、佛山等）通过在粤北山区建设工业园区的方式推进当地经济的发展等。虽然有所成效，但总觉得力道不足，差距仍在扩大。

我以为，粤北山区作为广东省"均衡发展"的长期战略，区域经济发展规律尚未走进这一阶段，实现均衡发展尚需时日，此其一；其二，考虑到粤北山区的地理环境、客观基础、资源结构和禀赋，需要明确粤北山区的功能定位。作为珠江、韩江等水系的重要源头，"生态优先"应该是粤北经济发展的一个基本原则，为生态环境做出贡献的山区人民应该享有充裕的回报。要做好规划，加强基础设施建设，推进特色产业发展，如韶关地区优质蚕茧生产基地、结合生态治理的林茶果木基地建设、发展山区生态与客家文化特色结合的旅游业等；要抓好山区的文化教育，提高山区人民的技能和整体素质，增强社会竞争力。目前粤北山区大量劳动力向珠三角的转移，既缓解了珠三角的劳动力短缺，也增加了山区人民的收入，不失为改善和提高山区百姓生活质量的一个有效途径（第三卷图 20-2 至图 20-8）。

第三卷图 20-2　东江上游粤北山区丘陵（2008 年 12 月）

第三卷图 20-3　粤东北中心城市——东江与新丰江交汇处的河源市（2008 年 12 月）

第六章　闽粤桂琼 | 047

第三卷图20-4　河源老城与江边新城（2008年12月）

第三卷图20-5　河源老街的古树（2008年12月）

第三卷图 20-6　河源市新丰江畔美景（2008 年 12 月）

第三卷图 20-7　河源开发区的一家港资制衣厂（2008 年 12 月）

第三卷图 20-8　河源城市雕塑展（2008 年 12 月）

21. 番禺会议：中国市制的回顾与展望

1999年2月，《中国方域：行政区划与地名》期刊社在广东省番禺县召开了"中国市制的回顾与展望"专家座谈会。中国科学院、中国社会科学院、北京大学、复旦大学等单位地理、历史、规划等方面的专家出席了会议，我以"华东师范大学中国行政区划研究中心主任"的身份参加了会议，并就中国城市行政区划制度问题做了重点发言，引起与会专家和地方政府的关注。发言内容"中国市制的几大问题及其对策"发表在该期刊的1999年第2期。这是中国首次行政区划的专题研讨会，对活跃城市行政区划领域的学术研究有开拓意义。会后，会议方组织参观了珠三角的部分市县（第三卷图21-1、图21-2）。

第三卷图21-1　中国市制回顾与展望学术研讨会留影（1999年2月）

第三卷图21-2　番禺宾馆门口留影（1999年2月）

22. 广州：国家中心城市·省会与佛山的同城化

广州这座省会城市给我印象最深的地方是其极为优越的经济地理位置，对外开放的广度和深度，以及这座城市的包容、和谐与独特、多元的广府文化。

它位于西江、北江、东江三江交汇处，濒临南海，与香港、澳门隔海相望，是珠三角都市圈、粤港澳大湾区的核心城市，中国通往世界的"南大门"。从秦朝始，广州一直是郡治、州治、府治的行政中心，岭南地区的政治、军事、经济、文化中心。在建筑、艺术、宗教、戏剧、音乐、文学、绘画、工艺、饮食、园林、风俗等各个方面有悠久的历史渊源和鲜明的个性特征。

从三国时期起，广州港即为海上丝绸之路的主港，唐宋时期发展为中国第一大港，明清时期为中国唯一的对外贸易大港，可以说是世界上难得的长盛不衰的城市。它是一座国际化都市，与全球220多个国家和地区保持贸易往来。297家世界500强企业已在广州设立921个项目，其中120家总部或地区总部设在广州；各国驻广州总领事馆达到60个，仅次于北京。

广州拥有82所高等院校，在校大学生总数达155.83万人，数量居全国第一（2021年），源源不断向珠三角输送所需的各类人才。

在粤港澳大湾区的战略定位中，广州作为主要的核心城市之一，面临新的发展机遇，将有更大的作为！

广州市城区空间发展大致划分为老城区、新城区、南沙区三个时期。老城区为越秀、荔湾、海珠三个区，新城区包括番禺、花都、从化和增城四个区，未来的城市重心有可能向江海交汇口（南沙）延伸。

随着广州城市规模的扩大，城市空间的外拓，与邻近且联系紧密的佛山市的同城化发展成效明显。公交、城际地铁来往广州和佛山极为方便。2019年2月，在弟子陪同下，我们乘坐城际列车（地铁）从广州南站前往佛山祖庙，历时1个多小时，总共花费不到10元！

我在地铁上与一对年轻夫妇交谈，得知许多打工者都住在佛山，一间房一个月只要三四百元，比广州便宜多了！在佛山居住、在广州上班已经成为外来打工者生活、工作的常态。同城化已经实现。

在佛山，我们在祖庙前留影，参观南风古灶遗址，在小饭店用餐，领略佛山市容，下午回到广州，体验到同城化带来的两个城市互动和发展、生产和生活的便捷，在此补充了2013年的3张图片（第三卷图22-1至图22-12）！

第三卷图 22-1　佛山市留影（2019 年 2 月）

第三卷图 22-2　佛山市南风古灶遗址前留影（2019 年 2 月）

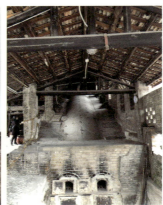

第三卷图 22-3　佛山市南风古灶遗址细部（2019 年 2 月）

第三卷图 22-4　广州市内注入珠江水道的跨江高速长桥（2019 年 2 月）

第三卷图 22-5　广州市老城区的骑楼、火车广州站留影（2019 年 2 月）

第三卷图 22-6　广州市标志性建筑之一——广州农村商业银行大楼（2019 年 2 月）

第三卷图 22-7　广州市新城区（2019 年 2 月）

第三卷图 22-8　广州市南沙新区跨境商品直购中心（2019 年 2 月）

第三卷图 22-9　广州市南沙客运港（2019 年 2 月）

第三卷图 22-10　广州孙中山先生纪念堂（2013年）

第三卷图 22-11　广州中山大学（1924年孙中山创建的中山大学，立"博学、审问、慎思、明辨、笃行"校训。2013年）

第三卷图 22-12　珠江口留影（2013年）

23. 深圳：国家经济中心·创新型城市与东莞的同城化

深圳地处广东省珠江口东岸，东临大亚湾和大鹏湾，西濒珠江口和伶仃洋，南隔深圳河与香港相连，北部与东莞、惠州接壤。深圳是邓小平推进改革开放的试验城市，祖国大地改革开放的发源地。改革开放40年来，深圳已经发展成为国家经济中心城市，一个国际化、创新型的大都会。深圳的土地总面积为1 997.47平方千米，常住人口1 760万（2020年），其中户籍人口434.72万、实际管理人口超过2 000万，城市化率达100%，为全国首个无农村、无农民的城市，一个"切块设市"的特大城市，一个当代中国最典型的移民城市。

深圳作为新中国设立的第一个经济特区，特殊的地缘环境、率先改革开放的政策，创造了举世瞩目的"深圳速度"，造就了这座城市的特殊发展、特殊地位与特殊意义。2017年，深圳地区生产总值达22 438.39亿元，超过广州，雄踞全国第三位！创世界奇迹！更令人佩服的是深圳的活力（市场力）和创新能力，其经济的科技含量位于全国前茅。

深圳的发展靠什么？经验在哪里？

邓小平在南方谈话中说："深圳的经验就是敢闯"，习近平说是"选择、引进并坚持了改革的市场经济方向"。"时间就是金钱，效率就是生命""空谈误国，实干兴邦"等这些口号是深圳精神的体现。深圳大学原党委副书记、中国经济特区研究中心主任陶一桃告诉《南方》杂志记者，"据不完全统计，40年来，深圳创造了500多个'中国第一'和120多项世界首创。"敢为天下先是深圳人的气质！

当然，深圳的发展也离不开特殊的政策和毗邻香港这一特殊的地缘政治环境。深圳与香港有着密切的渊源关系。

1842年7月至1898年4月期间，清政府与英国相继签订《南京条约》《北京条约》和《展拓香港界址专条》，港岛、九龙和新界割让、租借给英国。至此，深圳的前身新安县原属的3 076平方千米土地中，有1 055.61平方千米脱离其管辖，与香港划境分治。

从1979年设立深圳经济特区开始，深圳与香港的渊源关系又获恢复，并迅猛发展。深圳不断接受香港的辐射，吸纳香港的改革精神和先进的经济制度。深圳的罗湖区、盐田区、福田区及沿海的南山区，处处连接香港，是中国拥有陆路口岸最多的城市，出入境人员最多、车流量最大，深圳海关直属中华人民共和国海关总署领导，是全国最繁忙的口岸和海关之一。

未来，深港合作将在引领广东省，乃至中国经济发展中发挥更大作用。

2013年，我承担了中国城市规划设计研究院深圳分院"基于新型城镇化的广东省行政区划战略研究"项目，加深了对深圳的了解。如果说深圳经济在运行中存在问题，我以为主要有三个方面：一是城市经济规模的扩大、能级的提升导致土地空间严重不足；二是产业的劳动成本和生活成本（房地产）的上升对用工，特别是吸引人才产生一定不利影响；三是供水水源及水生态环境治理的压力增大。

解决这些问题，必须从大空间尺度进行统筹，主要是广东省内的统筹。解决深圳土地资源不足的途径有多种，如跨界合作办开发区（比如与东莞、汕尾、惠州办合作试验区等），但解决不了根本问题。作为一个"切块"、100%城市化的国家计划单列市，在国家和世界越来越具有重要地位的大都会，其发展中的土地空间不足的矛盾理应及时解决，其中最有效、最合理的举措是深圳与紧邻的东莞进行合并。

东莞地级市由县升格而来，也是经济强市，虽然有华为等高科技产业支持，经济增长势头依然向好，但我在东莞走马观花式考察多个大镇和东莞市中心，以及东莞火车站、深莞边界等地，发现一批传统门类的企业关闭不在少数，空关的住宅很多，人气下降，布局零乱，土地浪费严重，与广州、深圳形成明显对比。

深圳、东莞的强强合并既可以缓解深圳发展空间的矛盾，降低生产、生活成本，又可以盘活东莞的土地、闲散厂房资源，促进东莞的发展；在整体上有利于深莞两地产业重组和升级，有利于改善城市生态环境，有利于形成深莞大都会区，提升国际竞争力，在粤港澳大湾区建设中发挥更重要的作用。

深圳、东莞两个强市的合并事关重大，阻力和难度不小，需要在高层领导的顶层设计下，有组织、稳妥地推行。

当务之急是推进两市的同城化发展。可借鉴广州与佛山同城化建设的经验，从基础设施建设和环境生态治理方面统筹入手，规划先行，有序推进（第三卷图23-1至图23-9）。

第三卷图 23-1　深圳规划建设的主轴景观及留影（主轴以莲花山为核心和起点。2013年8月）

第三卷图 23-2　深圳的商业楼群及时代科技大厦留影（2013年8月）

第三卷图 23-3　深圳金融街、宝安区黄田社区恒昌荣高新产业园（2013 年 8 月）

第三卷图 23-4　深圳街景、从大商厦地铁走出的上班族（2013 年 8 月）

第三卷图 23-5　早期的深圳经济特区同乐检查站（1995 年 8 月）

第三卷图 23-6　东莞市行政中心全景（2019 年 2 月）

第三卷图 23-7　东莞行政中心广场（2019 年 2 月）

第三卷图 23-8　东莞虎门镇的莞深港产业创新中心及周边（2019 年 2 月）

第三卷图 23-9　东莞的塘厦第三小学（2019 年 2 月）

24. 粤港澳大湾区的未来与思考

粤港澳大湾区由香港、澳门两个特别行政区和广东省的广州、深圳、珠海、佛山、中山、东莞、惠州、江门、肇庆九市组成，是由习近平总书记亲自谋划、部署、推动的一项国家战略，是新时代推动全面开放新格局，推动"一国两制"发展新实践，建设世界级城市群和参与全球竞争的重大举措，具有深远的时代意义。

所谓湾区，是指由一个海湾或相连的若干个海湾、港湾、邻近岛屿共同组成的区域。当今世界，发展条件最好的、竞争力最强的城市群，都集中在沿海湾区。湾区经济已成为带动全球经济发展的增长极和引领技术变革的领头羊，纽约湾区、旧金山湾区、东京湾区是世界公认的知名三大湾区。

粤港澳大湾区综合借鉴世界三大著名湾区的主要功能，发挥香港国际金融中心，深圳、东莞先进制造业和深圳强大的创新实力优势，以香港、澳门、广州、深圳为中心引领大湾区建设，并带动珠江-西江经济带创新的绿色发展。

根据规划，粤港澳大湾区将建设成为充满活力的世界级城市群，具有全球影响力的国际科技创新中心，海上丝绸之路建设的重要支撑区，内地与港澳深度合作的示范区和宜居宜业宜游的优质生活圈等。

在中国东部沿海三大战略重心之中，粤港澳大湾区与京津冀、长三角在政治、经济环境方面，尤其是社会制度和政策法律法规，以及人文社会环境、行事风格等方面的区别明显。大湾区拥有的自由港、特别行政区、经济特区、自由贸易试验区等制度的前瞻性、多样性、互补性特质，既可以给湾区合作带来共同利益，亦可能产生摩擦。因此，统筹协调是一个极具挑战性、极需要高层的顶层设计和精心谋划；需要取长补短，创新思路，发挥各自的优势，优化结构与布局；需要一个灵活的制度安排和政策引导，统筹区域内的政治、经济、社会等方面的合作关系，形成合力，从全球视角最大限度地谋求大湾区的整体利益，提升湾区的整体竞争力。在实践中创建一个"一国两制"下、独特的"中国模式"。

客观地说，目前的大湾区，在经济社会发展、文化传承与创新、生态环境治理，政府管理、市场的规范，乃至人文素质等许多方面与建设世界级大湾区城市群的高标准要求的差距还较大。我以为，先进的理念、科学的规划与管理、灵活的制度、政策与落实，以及一大批精英人才的集聚和跨制度、跨区域的整合协调，产业的合作、分工和特色、均衡发展，是确保粤港澳大湾区建设成功的关键。当务之急是加快类似于港珠澳大桥的大湾区内外的现代基础设施的统筹规划与建设，制度、政策的设计以及区域自然、经济社会、生活环境的营造。

总之，粤港澳大湾区战略的实施，不仅是引领区域海洋经济和先进制造业发展及维护港澳繁荣与稳定的需要；从空间战略上看，它作为21世纪海上丝绸之路战略的支撑区进一步完善了国家区域战略版图，具有深远的政治经济意义。我们有理由相信，再过20—30年，展现在世人面前的粤港澳大湾区将是一个世界一流湾区的现代化、国际化、高科技、生态宜居的新型高品质的大都会区。

(十九)广西壮族自治区

25. 唯一临海的民族自治区

广西壮族自治区,简称桂,由广南西路简化而来,是中国第一大少数民族——壮族的主要集聚区,壮族占全国90%以上。它位于中国南端,东与广东省为邻,西及西北、北与云南、贵州、湖南三省接壤,南为北部湾,与越南有较长的国境线,是我国沿海省区中唯一的少数民族省区。全区下辖14个地级市(41个市辖区)、县级市9个、61个县(含12个自治县),其土地总面积约为24万平方千米、常住人口约5 020万(2020年)。

广西与广东省虽然为邻,且有长达1 500千米的海岸线和珠江支流——西江连接,通行客货轮船,联系便捷。但粤桂两省无论是自然地理还是人文风俗习性,特别是经济发展的水平差异却很大。2018年广西的经济总量为20 352.5亿元,排名全国第18位,处于中游,只相当于广东省的20.9%!从大区域看,广西虽然与渝、川两省市不相邻,但西南大通道——川桂铁路终点直达自治区的防城港、北海,联系方便;广西面向东盟的海陆区位,是中国海上丝绸之路的重要始发点,拥有其他民族省区所不具备的、得天独厚的外贸出口区位优势。改革开放以来,钦州—防城港、北海等港口的开发,西南大通道的建设对广西经济的发展和推进"一带一路"国家战略有着重要意义。

广西属低纬度地区,为亚热带季风气候,水热条件好,又是我国拥有喀斯特地貌最完整的省份之一。流水侵蚀所呈现的独特景观——喀斯特地貌,青山绿水,风景如画。保护完好的原生态环境,加上较多的少数民族集聚,具有发展文化、旅游、经济得天独厚的条件。

作为民族区域,国家在广西设立了东盟自由贸易区、北部湾经济区等,发展的政策环境十分有利。充分认识广西壮族自治区在国家国土空间的重要战略地位,用好这些独特的地理区位、地理环境及政策环境,是落实广西发展的战略定位(与东盟有机衔接的门户,西南、中南地区开放发展的新战略支点)和推进广西可持续发展的出发点。

在南方山区考察时,我与广西组建的中国科学院第五分队交流较多;中国行政区划研究中心成立之后,我参与了广西壮族自治区设市预测与规划的专家评审会,会后赴玉林、钦州、防城港、柳州、桂林,以及中越边境城市东兴市、黔桂边界的南丹县等地进行了考察活动,不久又去贵港考察论证,加深了对广西的认识(第三卷图25-1至图25-4)。

第三卷图25-1　赴广西考察的行政区划专家考察团欢迎标语(1994年2月)

第三卷图 25-2　广西南方大港——防城港（1994 年 2 月）

第三卷图 25-3　广西崇左市南亚热带植被（2015 年 1 月）

第三卷图 25-4　广西崇左市德天跨国大瀑布近景（2015 年 1 月）

26. 联通大西南的大动脉

广西地处云贵高原东南边缘，是一个多山丘的省区，地势呈西北向东南倾斜的态势。境内山岭绵延、山体较高，分布较广，两三百米以上的山地丘陵占总面积的一半以上；山岭与谷地相间，西、北高原广布，中部、南部多低丘平地，河谷、平原，整个地形大势为盆地，称为"广西盆地"（第三卷图 26-1）。

第三卷图 26-1　广西的百色市靖西县鹅泉喀斯特地貌、崇左市德天跨国瀑布远景（2015 年）

广西的地形地貌复杂多样，其经济社会发展的首要之举就是加强陆地的交通建设，完善的交通状况是发展广西经济、百姓致富的重要基础条件（第三卷图 26-2、图 26-3）。

第三卷图 26-2　广西早期的公路交通（1994 年 2 月）

第三卷图 26-3　广西早期的铁路交通（1994 年 2 月）

自清末开始，广西就重视铁路建设。从1896年筹建的龙州铁路至1949年新中国成立，广西共修筑铁路794.6千米，其中湘桂、黔桂线占68%，新中国成立之后，湘桂、黔桂线全线通车，又建成出海通道——黎湛铁路和枝柳铁路。改革开放之后，建成南（宁）防（城港）、南（宁）昆（明）铁路，打通了西南多省的出海通道。21世纪以来，大力推进铁路网体系建设，衡阳—柳州高铁的建成，使广西进入高铁时代。如今，南宁、钦州、北海、防城港四市已经形成一小时经济圈，开始走向同城化新时代。至2017年底，广西壮族自治区的铁路总里程达5 140千米，高铁里程1 771千米，南宁铁路局的旅客发送量突破1亿人次大关。发达的铁路交通使北部湾的诸多海港功能得以发挥，货流腹地扩大，与大西南、西北的衔接更好，以铁路为重点的陆上大通道的路网建设激活了广西壮族自治区的地理区位，架起了经济发展的桥梁，也为广西走出国门，加强与东盟的联系创造了良好交通环境。

27. 首府变迁：桂林→南宁

在中国大陆28个省、自治区之中，有多个省区的省会、首府有过迁移，广西是其中之一。首府迁移之缘由各异，广西更为独特，首府之争表现为桂林和南宁之间的拉锯战。

从秦始皇统一中国，在岭南地区设立桂林郡等，经西汉、唐朝（广西属于岭南道管辖），至宋朝广西（广西属广南西路）名之始，在长达两千多年的时期，广西的行政治所基本设在今桂林。元朝至正二十三年（1363年），设广西行中书省，为广西省之始，治所设在静江府（今桂林）；明朝改静江府为桂林府，清承明制，改布政使司为广西省，省会驻桂林府（今桂林）。

直到1911年辛亥革命成功，清朝亡，法国占领越南，为加强边防，首府迁移问题引起关注和争论。时任广西都督的南宁武鸣人陆荣廷力主迁首府南宁。随后于1912年2月将省会从桂林迁至南宁。1936年的抗战前夕，出于安全的考虑，又将省会迁回了桂林。南宁做了24年的省会。新中国成立后，1950年又将广西省会定为南宁市。1958年3月，广西省改为"广西僮族自治区"，首府仍设置在南宁市。1965年据周恩来总理的建议，"广西僮族自治区"改为"广西壮族自治区"。

我以为，桂林位置接近内地，有很强的安全性和长期设府的基础，历史悠久，经济繁荣，作为广西的首府理所当然。现代迁至南宁也是一种必然：一是推进广西南部经济发展的需要；二是方便管理的需要；三是空间战略大调整（向南发展、向外发展、北部湾开发等）的需要。何况南宁几何位置更为适中，地形开阔，新中国成立之后，交通环境大为改善，枢纽地位凸显，将首府从桂林迁至南宁不失为战略之举（第三卷图27-1至图27-3）。

第三卷图 27-1　广西设市预测与规划评审会及留影（1994 年 2 月）

第三卷图 27-2　20 世纪末的南宁市城区（1994 年 2 月）

第三卷图 27-3　21 世纪初的南宁新市容（2015 年 1 月）

28. 国际旅游城市：桂林

凡是去过桂林的人，都会为其山水美景叫绝，不愧为国际旅游城市！

桂林的山水风光是取之不竭、搬不走的宝贵资源，"桂林山水甲天下"名不虚传！你在漓江畔，在游船上，听着导游那诗一般的介绍，欣赏两岸奇异、山水画的美景，那种心情，那种感觉，如同进入仙境。我每一次去桂林、游漓江都有一种心旷神怡的愉悦感（第三卷图28-1至图28-3）！

然而，看看统计数据，回望广西的发展历程，令人有点遗憾。新中国成立70年来，桂林落伍了，在全区的地位明显下降了！如果以广西的"三甲"（南宁、柳州和桂林）相比较，2018年的数据如下：以人口规模和经济总量看，南宁位居第1位（人口为698.61万，GDP达3 703.39亿元），优势明显；柳州虽然人口规模较小（392.27万），但GDP达2 476.94亿元，稳居第2位；桂林人口不少（496.16万），但GDP只有2 074亿元，比柳州还少400多亿！如果以人均衡量，排序为柳州（63 144元）、南宁（53 011元）、桂林（41 801元），桂林垫底！

第三卷图28-1　桂林龙胜景区风景（2019年8月）

第三卷图 28-2　桂林龙胜景区山区梯田、山寨（2019 年 8 月）

第三卷图 28-3　桂林阳朔景区山水（桂林山水甲天下，阳朔山水甲桂林。1994 年 2 月）

是什么原因导致桂林的经济下滑？不可否认的事实是，广西首府迁至南宁，桂林降格为地级市，给这座曾经数百年作为广西省会的城市繁荣蒙上了阴影。这不仅是桂林，恐怕是中国所有省会搬迁后都会出现的必然现象。但桂林表现得更为突出！其人均 GDP 只与全区平均水平相当。2003 年国务院批复桂林市城市规划，定位为"国家级历史文化名城和重要的旅游城市，桂北地区的中心城市。"时过 16 年后的 2019 年看来，也许这个定位过于低调！但我感觉桂林的定位实事求是，既突出了桂林的优势特色，又明确兼顾了桂林的区域功能和责任。把这个功能定位做实、做强实属不易！

看今日桂林的王牌、优势产业——旅游业，我的评价是，投入不少，进步很多，正在向国际化旅游城市迈步。但桂林的历史文化名城功能还没有引起地方的重视和专注，桂林丰富而有广西特色的文化内涵尚未充分挖掘。我以为，还原桂林真实的历史，挖掘桂林的特色文化，是新时代桂林发展的重点和潜力所在（第三卷图 28-4、图 28-5）。

第三卷图 28-4　广西设市预测与规划评审会部分专家合影（1994 年 2 月）

第三卷图 28-5　广西设市预测与规划评审会全部专家合影（1994 年 2 月）

另外一个问题是，桂林在推进"桂北地区中心城市"的目标上还有距离。如何带动桂北地区的发展？

第一，以桂林成熟的旅游业带动区域旅游的发展，特别是龙胜、恭城两个民族自治县发展民族风情、水库旅游等，乃至打通与湘西南的通道，形成桂北—湘西南地区的旅游网络；第二，认真做好桂北地区的生态环境保护，这不仅是中心城市——桂林发展的需要，也是桂北地区经济发展的重要前提与基本原则；第三，因地制宜，选择地区优势工业部门加快发展，如精密制造业、环保产业、服务业等，突出科技创新，提升服务水平；第四，充分利用位于中国南方亚热带的气候优势，发展现代大农业。我以为，未来的桂林旅游业要向深度、向高质量进军，把区域的传统、特色农业做强，做好工业文章则是桂林上新台阶的关键。要充分利用桂林的高校人才资源和教育优势，在文化名城上下功夫。

29. 新兴海滨港口工业城市：防城港

1994 年 2 月，在参加完广西壮族自治区的设市预测与规划论证会之后，与会专家随同民政部区划司领导前往钦州、防城港、北海、东兴及桂东南地区考察，防城港市是重点（第三卷图 29-1 至图 29-4）。

第三卷图 29-1　防城港老港（1994 年 2 月）

第三卷图 29-2　防城港新港规划调研、模型参观合影（1994 年 2 月）

第三卷图 29-3　听取港口规划介绍，赴现场参观（1994 年 2 月）

第三卷图 29-4　港口参观留影（1994 年 2 月）

防城港位于北部湾西侧，距越南不远。清光绪十四年（1888 年）防城巡检司置防城县（治今市），1959 年并入东兴各族自治县（治东兴镇），1968 年建港，1978 年改防城各族自治县（迁治今市），1985 年设防城港区，1993 年和防城各族自治县合并置地级防城港市，为一个新兴地级市。

防城港是中国的深水良港之一，是连接中国与东盟的海上通道，在泛北部湾区域合作中具有特殊重要的战略地位。同时，作为中国西部地区第一大港，它将成为西南地区走向世界的海上主门户。防城港的建设对于广西，乃至整个大西南都有重要战略意义。

时隔数十年，当年考察的印象历历在目。由于有"上头"的领导和"国家级"专家到访，新兴的防城港市非常重视这次考察。记得那天下着蒙蒙细雨，我们走在老街上、港河边，参观港口、码头、工厂，虽然设施、建筑十分老旧，但所到之处无处不感受到广西人民的热情、好客，甚至有小学生在路边举着小红旗，不断喊着"欢迎"的口号！这种场面对于一名学者来说真不多见，也有些不习惯，但它表明防城港人的真诚、"求变""求发展"的心情！

如今的防城港市已经建成广西的重要钢铁、化工基地，是一座有一定规模的港口城市。2018 年，防城港的 GDP 已经达到 670 亿元，虽在广西排名靠后，但它只有 92 万人！看经济增幅，看人均，已经连续多年稳居广西首位，让人欣慰！

30. 北部湾城市群中心城市：北海

在考察了防城港、东兴之后，我们继续南行，经过合浦这个有名的珍珠之乡，抵达此次考察的另一个重点——北海，这是继防城港之后，广西北部湾畔的又一个海港城市（第三卷图 30-1 至图 30-4）。

第三卷图 30-1　北海市风光 1（1994 年 2 月）

第三卷图 30-2　北海市风光 2（1994 年 2 月）

第三卷图 30-3　北海港考察留影（1994 年 2 月）

第三卷图 30-4　北海港全景和局部（1994 年 2 月）

与防城港相比，北海的历史文化要悠久得多。早在汉代，北海就是桂东南、粤西的政治、文化、经济中心，中国"海上丝绸之路"的始发港之一。清康熙元年（1662 年）设北海镇标。清咸丰六年（1856 年）珠场巡检移驻北海。清光绪二年（1876 年）中英签订《烟台条约》，北海与宜昌、芜湖、温州一并被迫辟为通商口岸。

民国晚期和解放初期，北海曾为广东省辖市，后随归属变更而降格为镇。1964 年，恢复为县；1965 年 6 月，正式归属广西；1983 年 10 月，升格为地级市；1987 年 7 月，合浦县划归北海市管辖。

北海的人口经济规模超过防城港。2018年，总人口为162.6万，GDP达985亿元，同样为广西发展较快的地级市，但人均水平低于防城港。

北海的考察留给我印象最深刻的是北海的珍珠，在海滨广场中央设有"珍珠贝壳"标志。广场十分开阔，夏季的傍晚在海边溜达，凉爽的海风吹来感觉非常舒服，很适合旅游养生；那时的北海，人口规模在20万左右，许多人都操四川口音，"麻辣烫"餐馆相当多。如今，北海已经建设成为广西重要的滨海旅游城市，不过，在市民之中，除了四川人之外，已经涌入数十万东北大军！他们在北海购房，过冬和居住给这座移民的滨海城市带来新的活力，也带来了需要解决的新人群的经济社会问题（第三卷图30-5）。

令我疑惑的是，在广西的北部湾内，如今拥有防城港、钦州和北海三个重要海港。三港三城呈三角形，位置邻近，建港条件相似，都有发展深水港的条件，而且集疏运通道一致。在港口属地化体制下，竞争在所难免。如何创新三港的管理体制，才能实现三港合理分工，优势互补，合作共赢？这是防城港、北海和钦州三港所面临的重大课题。

第三卷图30-5　广西北海市白龙珍珠城参观留影（1994年2月）

31. 西江中游第一大港：贵港

贵港是一座古郡新城，历史悠久，秦始皇三十三年（前214年）统一岭南设置桂林、南海、象郡三郡，贵港地区属于桂林郡布山县。三国吴置阴平县，西晋改郁平县，唐为贵州治，北宋改郁林县，为贵州治。元大德九年（1305年）郁林县废入贵州，明降贵州为贵县。此后，贵县归属时有变更，但贵县名一直延续至20世纪80年代。1971年属玉林地区管辖。1988年撤销贵县，设立县级贵港市，由玉林地区代管。

1994年2月，我在参加广西壮族自治区的设市预测与规划论证会之后，前往贵港考察（第三卷图31-1至图31-3）。基于对广西经济社会发展、城市体系格局的分析，贵港优越的内河水运枢纽位置和发展潜力的思考，我建议撤销玉林地区，贵港、玉林两个市升格，建议被采纳。8月中旬，由自治区领导主持，我带领中国行政区划研究中心的全体成员参加了在贵港市召开的专家论证会。会议一致认为，贵港县级市具备条件升格为地级市。1995年10月经国务院批准贵港升格为地级市，1996年6月22日正式挂牌成立，辖港北区、港南区、覃塘管理区和平南县，代管县级桂平市，总面积为10 596平方千米、户籍人口528万（2012年）。

第三卷图 31-1　华东师范大学中国行政区划研究中心第一次调研贵港（1994 年 2 月）

第三卷图 31-2　华东师范大学中国行政区划研究中心第二次调研贵港（1994 年 8 月）

第三卷图 31-3　华东师范大学中国行政区划研究中心成员合影（1994 年 8 月）

贵港、贵港，贵在其港！贵港市已经成为中国西部地区内河第一大港，大西南出海通道的重要门户，还是中缅油气管道天然气管道终点，经济发展走上快车道。

32. 北流设市考察

北流是我们继贵港之后又一个考察重点（第三卷图 32-0）。北流的考察也是对广西壮族自治区设市预测与规划成果基本观点的测试。

第三卷图 32-0　民政部、中国行政区划研究会专家来北流考察指导现场留影（1994 年 8 月）

我在考察之后的座谈会上强调了以下三点：

第一点，北流具得天独厚的地理位置和地理环境。县城北流镇的右侧即为母亲河——圭江（亦称北流江），水流平缓，江面较宽，北流（县由此得名）注入浔江（西江上游）后，顺流而下直通珠三角。曾被谓为"粤桂通衢"；距县城南部不远，就有洛（阳）湛（江）铁路、南（宁）广（州）高速公路，交通发达，非常方便与广东省近距离联系。

第二点，北流是港澳台同胞和海外华侨的集聚地。北流和相邻的容县是广西两个最集中的侨乡，海外的华侨、华人约有 30 多万，容县更多达 70 万，两县市的华侨、华人几乎占广西华侨、华人总数的 1/3，绝大部分分布在东南亚各国。华侨是北流经济发展的重要生力军。

第三点，北流拥有陶瓷文化特色。北流是中国陶瓷名城。陶瓷制造业已经有 2 000 多年的历史。早在汉代，北流的冶炼和铸造技术，已应用于铸造铜鼓等各种器具；宋代，陶瓷器制造工艺已达到相当高的水平；清代和民国时期，在铸造、陶瓷等行业中，涌现了不少能工巧匠。出土的"南宋嘉定元年李五都制造""绍兴二年壬戌岁梁二郎号记"等瓷器印花模，相当精美，岭峒古窑挖掘的大量青白瓷器为广西之最，全国罕见。无论从质量、品种、规模来说，均处于当时世界前列。境内高岭土探明的地质储量在 1 亿吨左右，为北流陶瓷业的发展提供了丰富的原料资源。

在我们参观、考察后不久，即 1994 年 4 月，国务院批准了北流撤县设市。

继北流之后，我还考察了桂粤边境的岑溪县，1995 年 9 月也实施了撤县设市。

33. 广西发展的空间战略思考

从全国看广西壮族自治区的经济发展，总体上处于中等水平。1978 年，广西的经济总量位于第 20 名，时过 40 年，上升至 17 位（2018 年），但仍处于中等偏下水平。与周围省区相比，增长速度高于贵州，略高于湖南和云南，但与广东的差距拉大，绝对值相差更大。2018 年广东 GDP 达 89 879.23 亿元，是广西的 4.4 倍！人均水平广东省为 79 216 元，广西为 41 405 元，广西是广东的 52%！在沿海省区之中，这一差距大致与安徽和江苏的差距相当。

这一差距有其复杂的历史和地理、自然和人文原因或背景，但准确定位和空间战略的把握是一个省区发展的重要因素，在某种环境下带有决定性影响。

纵向看，在中央政府把控下，广西大的空间战略方向是正确的，这就是中国—东盟自由贸易区的构建，广西是主战场，是前沿。多年来，广西保持了贸易的较高速度增长，但受制于国际政治形势的影响，存在一定风险。

横向看，向东发展显得十分重要：第一，粤桂之间的自然和历史渊源关系，要充分利用；第二，受经济梯度演进规律的影响，改变两省区之间存在的巨大经济落差需要时日，但应该继续积极推进，并适度强化；第三，依靠市场和民间的推进力量，这是一个少成本、高效益的方法。广西的县（市）域经济的"大户"大多集中在粤桂边境，由此得到验证。

对于东北部的湖南，继续推进外联、开发兴安古运河，湘桂合作发展，实行优势互补，是明智之举；而对于西北的贵州和西部的云南，广西要充分发挥临海港口的优势，通过大西南通道，增强辐射能力。

南进，东靠，北联，西通，突出向南、重点向东，充分发挥政府的主导功能并进一步强化民间—市场的作用，这些是广西未来空间发展的战略思路（第三卷图 33-1 至图 33-3）。

第三卷图 33-1　广西首府南宁市影像（2015 年 1 月）

第三卷图 33-2　中国东盟南宁国际步行街（2015 年 1 月）

第三卷图 33-3　代表广西壮族自治区的吉祥物

（二十）海南省

34. 海洋大省·陆地小省

海南省，简称琼，省会海口市，位于中国的最南端，为改革开放后新设置的岛屿—海洋型大省。全省直辖4个地级市（8个市辖区）、5个县级市，4个县，6个自治县，其陆地面积约为3.54万平方千米、海域面积约200万平方千米。2018年末，海南省人口为1 012.3万。

海南省北部、西北部隔琼州海峡、北部湾分别与广东、广西两省区相望；东、西、南三面环海，东部和南部面临南海，西南隔海与越南相对，东南通向菲律宾、文莱、印度尼西亚、马来西亚等岛国，地理位置极为重要。

基于开发建设海南岛和南海海洋资源，改变其长期落后的面貌，更为了建设和保卫祖国的南疆，1988年4月13日，第七届全国人民代表大会第一次会议通过了关于设立海南省和建立海南经济特区的决定，4月26日，海南省人民政府正式办公。海南省域包括海南岛、西沙群岛、中沙群岛和南沙群岛及其海域。海南因海而生，依海而立。海南建省具有划时代的政治经济军事意义。

海南省，属中国三大边缘海之一的南海海域，辖有约占全国2/3海域，为海洋大省；而人口集中居住的岛屿——海南岛的面积却只有3.39万平方千米，是一个小省。作为海洋大省，海南的建设发展要立足于海岛、海洋资源开发利用，立足于海洋生态保护，更要保卫好祖国的南疆。

海南是中国唯一以省域设立经济特区和自由贸易试验区（港）的省份。建省以来，经济取得长足发展，以热带作物、海洋产业、旅游业为特色的经济引人注目。"蓝色经济"呈现勃勃生机。海洋经济占海南省GDP的比重由不到6%扩展到30%左右。2017年海南省海洋经济生产总值约为1 250亿元，同比增长9%，快于地区生产总值增幅。海南已经形成海洋渔业、滨海旅游业、海洋交通运输业和海洋油气业等四大支柱产业。向海洋进军、向深海进军、向海洋强省进军，将是海南长期发展的方向。

我对海南情有独钟。从建省初期一直到21世纪之初，几乎每年都要去海南，走遍海南全省县级以上政区。中国行政区划研究中心为海南全省的行政区划调整改革进行了深入的调查研究，提出了调整方案并被采纳，几乎所有的区划调整改革的方案都有我们的身影和笔墨（第三卷图34-1至图34-3）。

第三卷图34-1　在祖国的南疆海南省三亚遥望大海（2008年9月）

第三卷图 34-2　从三亚湾观南海（2008 年 9 月）

第三卷图 34-3　三亚海滨冲浪（上、下左）、文昌滨海晚霞（下右）（2020 年 7 月）

在海南，我虽然没有座过"跨洋"远航的海轮，但坐过上海开往青岛的班轮；乘过从香港开往上海的海轮，需要航行两个白天、一个夜晚；2018 年又乘坐了一艘巨型邮轮去日本冲绳旅游，对蓝天大海之宽旷、之平静、之纯洁有所体验和感悟。我在乘坐从香港到上海的国际游轮航班穿越台湾海峡时，遇到过海上风浪时那种颠簸的考验。

35. 北部滨海：海口与琼山的分与合

海南省的省会海口市和原县级琼山市是两个无隶属关系，但中心城区相连的分治型都市区。当年我对两个城区的边界进行过徒步考察，你如果不仔细观察，根本找不出它们的分界。

建省以来，两个城市凭借其优越的地理区位（海南最大的河流——南渡江河口三角洲畔），发展都很快，但在发展过程中矛盾不断。海口一心想兼并琼山县，琼山县则要求独立设市，争论不休，连海南省委、省政府高层领导一时也难以取舍和决策。1993年，应省民政厅的要求，我与首位博士生舒庆以中国行政区划研究中心的名义对海口和琼山进行了深入考察，及时向省委、省政府提交了论证报告。之后，我们又多次去海南。

上述论证报告根据当时海南的情况，借鉴中国历史经验和国外"分治"的体制模式，从鼓励良性竞争，调动两市发展的积极性等因素出发，提出"海口与琼山分治，琼山设市，加强协调"的方案，获得认同。琼山很快设市，同时，省级相关职能部门采取积极措施，加强了包括对南渡江水资源开发利用、环境整治、城市交通等重大问题的协调。一时间，两个城市，通力合作，相安无事，发展良好。

但随着人口的增加，经济的发展，城市规模的扩大，"分治"导致两市之间经济利益和社会矛盾凸显，省委、省政府职能部门协调难以奏效，并引发城市交通（出租汽车）的激烈冲突。海口市强烈要求兼并琼山，落实大海口城市规划，做大做强省会城市。

为此，2002年7月，我带领陈占彪博士后，第二次受邀前往论证。认真听取省委、省政府有关部门的意见，再次深入开展调查研究，根据新情况、新问题，从历史的演进和海南省未来的发展全局，提出了两市"合并"、区划重组的新方案。很快又被省委、省政府采纳。同年10月国务院的正式批复，同意撤销琼山市，重新调整了新海口的设区区划，保留了琼山区。海口与琼山长期的发展冲突得以彻底解决。

有趣的是，两次论证所得出的相反结论，都被高层采纳。我以为，从主张"分治"到主张"合治"，是顺应海南城市—区域经济社会发展规律的使然，也充分说明，在当今中国政治经济体制下，西方国家普遍推行的"分治"模式在中国行不通，"行政区经济"的负面影响难以在短期内消除，行政区划的"刚性约束"特质决定了两个相连城市"合治"的必然（第三卷图35-1至图35-10）。

第三卷图 35-1　海口骑楼老街标牌

第三卷图 35-2　海口市海滨及留影（脚下是一片水平状贝壳岩石区域）

第三卷图 35-3　原琼山市的骑楼街——五府街

第三卷图 35-4　海南调研时与当地领导及导师严重敏教授、弟子合影（1993 年）

第三卷图 35-5　应邀参加琼山撤县设市成立大会留影（1994 年）

第三卷图 35-6　琼山市滨海红树林等调查留影（1994 年）

第三卷图 35-7　海南省直辖县——澄迈县调查考察时与县委书记吴亚荣等合影（1995 年）

第三卷图 35-8　澄迈县规划调查留影 1（1995 年）

第三卷图 35-9　澄迈县规划调查留影 2（1996 年）

第三卷图 35-10　华东师范大学党委陆炳炎书记一行来琼山听取中国行政区划
　　　　　　　　研究中心在海南工作情况的汇报并考察留影（1996 年）

第六章　闽粤桂琼 | 085

36. 南部滨海：国际旅游城市三亚

三亚是海南第二大地级市，位于海南岛的南端。凡是去过三亚的人都会为这座城市和海湾之美震撼，为大东海、亚龙湾、天涯海角等海湾之天然美所征服！看看那无边的海，自由飞翔的海鸥，那点缀的小岛，那蓝色的天空，岸边的椰子树，沙滩上游客的嬉戏、来自祖国四面八方和国外友人的笑脸，都会从内心发出自然的感叹！

有人说，"不是夏威夷，胜似夏威夷"！人们留念三亚，关注三亚，更祈盼三亚。我，出于一种专业的敏感性更关注三亚发展中的行政区划体制问题。

海南设省初期，由于三亚市区规模不大，在市之下只设置了两个派出机构"管理区"（河东与河西）。一段时间，运转正常。但随着人口的增加，管理区范围的扩大，管理力不从心。1994年，受省民政厅和三亚市政府的委托，我们对三亚市的市辖区设置模式进行了研究（第三卷图36-1至图36-3）。研究认为，这种"管理区"属非政府机构，由于管理权限的制约，不能行使规划建设、环境治理和社会治安管理等职能，居民意见较大，更不适应一个开放旅游城市对日益增多的客流加强管理的需要，建立实体性区级政区势在必行。为此，我们提出了设立4个区（河东、河西、崖州、海棠）方案的设想。时过十年，2014年国务院批复同意，撤销6个建制镇，设立吉阳、天涯、海棠、崖州4个区。三亚这座美丽的海滨旅游地级市的设区体制终于理顺！

第三卷图36-1　三亚大东海碧海沙滩留影（面向大海，一望无边。1994年8月）

第三卷图36-2　天涯海角游览区留影（1994年8月）

第三卷图 36-3　在三亚天涯海角游览区第十一届亚运会南端点火台、海南中部五指山区与美国地理学家马润潮教授等人合影（1994 年 8 月）

值得回忆的是 2008 年 9 月下旬（我退休的第二年），应好友、上海大学社会学系教授、海南大学三亚学院副院长兼社会发展学院院长沈关宝的邀请，前往三亚学院参加隆重的开学典礼并访问，我为该校社会发展学院师生做了一次关于中国行政区—社区理论与实践的学术报告，引起师生的浓厚兴趣。访问结束后，学校专门派了一位年轻教师陪同参观了三亚市，一路拍照，留下许多三亚新的影像（第三卷图 36-4 至图 36-8）。

第三卷图 36-4　海南大学三亚学院新生入学典礼
（2008 年 9 月）

第三卷图 36-5　三亚滨海城市风貌 1（2008 年 9 月）

第三卷图 36-6　三亚滨海城市风貌 2（2008 年 9 月）

第三卷图 36-7　三亚滨海城市风貌及留影（2008 年 9 月）

第三卷图 36-8　三亚滨海城市风貌留影（2008 年 9 月）

37. 西部滨海：儋州与洋浦

位于海南西海岸中部的儋州和洋浦经济开发区是我们最早开展"海南省设市预测与规划"项目考察的重点地区，被委托做过许多研究和论证（第三卷图 37-1 至图 37-5）。

1988 年海南建省之前，洋浦还是隶属于儋州的一片火山喷发、岩石裸露的不毛之地，1993—1995 年，我们在承担"海南省设市预测与规划"课题时，对洋浦和儋州进行了调查。夏季，我们走在洋浦地上，还感觉十分烫脚啊！

邓小平发现了这块不毛之地，作出建设洋浦经济开发区的决策（1992 年享受国家级保税区政策），利用这块不毛之地，建设海南工业基地，作为推进海南改革开放的一枚重要棋子。通过开发开放，大量吸引外资推进发展。海南省的空间发展战略规划将儋州、洋浦，以及东方黎族自治县（现东方市）等确定为海南省的重化工业基地。这也是海南未来的经济重心，而洋浦开发区是其重中之重，基地中的基地。只可惜，受当时一些保守思想的干扰，洋浦的发展遇到极大阻力，洋浦、儋州失去了最好的发展机遇，也影响了海南省的开发开放进程。

第三卷图 37-1　洋浦开发区留影（1994 年、1995 年）

第三卷图 37-2　儋州市白马井镇——海南省西岸北部湾海上渔民集聚中心之一（1995 年）

第三卷图 37-3　儋州市那大镇中国热带农业科学院海南儋州热带植物园留影（1995 年）

第三卷图 37-4　洋浦、儋州周边考察 1：20 世纪 90 年代海南的自然风光留影
（海南不愧为旅游天堂，照片记录了课题组考察、调研及生活的乐趣）

第三卷图 37-5　洋浦、儋州周边考察 2：20 世纪 90 年代琼山县的乡村

调查中，我们发现洋浦与儋州在发展中存在行政体制的尖锐矛盾。二者的关系，如同母鸡下蛋。儋州是一只母鸡，下了洋浦这只小鸡。结果"小鸡"的规格待遇远高于母鸡，洋浦为局级单位，直属于省，而儋州还是县级，因此，儋州与洋浦长期存在的体制矛盾当属必然！

为此，我们最早介入了这个棘手问题的研究。儋州和洋浦双方都为我们立项做课题。

海南省的设市预测与规划、海南省的行政区划规划都将这个问题列为重点内容。我们多次提出了理顺体制、合作共赢的积极建议，主要观点如下：一是提升儋州的地位，设立地级市，使之成为海南西岸的政治、经济、文化中心；二是借助洋浦的政策优势，以洋浦为龙头，带动儋州及海岛西岸的经济发展，洋浦与儋州实行产业互补、合作分工，双向发展；三是充分发挥儋州的社会、文化功能，形成儋州、洋浦的社会、文化一体化建设与管理，不搞两驾马车、自成体系。

在省委、省政府强有力的领导、支持、协调，特别是开放开发政策的导引下，20多年来，洋浦和儋州都获得长足发展。洋浦开发区管委会走向集经济、社会、行政等职能于一体的管理模式，昔日的不毛之地已经生长出200多亿元产值，一座拥有10万人口的新城耸立在北部湾东岸；儋州的实力空前壮大，2015年2月，儋州升格为地级市。海南岛西岸的双中心城市格局开始显现。

海南省西岸洋浦与儋州快速发展令我感到欣慰，但"双中心"的体制矛盾又让我十分担忧。在新时代，洋浦与儋州的竞合关系将走向何方？如何实现一体化融合发展，仍值得关注！

38. 东部滨海：琼海与博鳌

琼海是海南省东部的一个县级市，地处东海岸的中心位置，也是一个历史较久、环境优美、发展较好的县级市，其经济实力已经接近儋州。重要的是海南博鳌亚洲论坛就设在琼海，这是一个具有永久意义的论坛会址。国家领导人、亚洲各国要员，以及众多世界名人来琼海参加每两年一次的论坛，琼海的知名度以及与此相匹配的城市环境得到大幅度提升。我有幸在博鳌一家酒店居住过，参观了简朴、自然、现代、时尚的博鳌会址（第三卷图38-1、图38-2），亲眼见证了关于琼海的发展历程：

① 2016年，琼海市被列为第二批国家新型城镇化综合试点地区。
② 2017年，琼海市入选为第五届全国文明城市。
③ 2018年10月，琼海市入选"综合实力百强县（市）"、全国绿色发展百强县市、全国科技创新百强县市、全国新型城镇化质量百强县市。

琼海给我印象最深的是它的"三色文化"。"三色"是指红、绿、蓝三种颜色。

① 红色文化。琼海是红色娘子军的诞生地之一，市中心的嘉积镇建有红色娘子军纪念园，在琼海，你可以受到革命教育的洗礼。

② 绿色文化。琼海是全国绿色发展的百强市，一向重视绿化，在源于五指山的万泉河——海南岛第三大河考察，会看到从深山峡谷流出的清净泉水，看到两岸绿色葱郁的次生林木；进入乡村又会看到独特的本土社会，它仿佛是一块中国热带未开发的处女地！

③ 蓝色文化。清纯的涓涓万泉河水东流，汇入大海。在博鳌宾馆里，在阳台上可以见到海边礁石的海浪，遥望无边的蓝色大海。作为海南省的主要侨乡，琼海籍海外华侨、华人和港澳台同胞约有55万人，分布在世界五大洲28个国家与地区。当年，海南人就是从这里走向世界的。

海洋文化是琼海的一大特色，也是最重要的文化。博鳌亚洲论坛的会址设在这里，大大提升了琼海蓝色海派文化的内涵。其实，"博鳌"就是鱼类丰（多）硕（大）的含义。表明早在久远时代，琼海人就以海为家、以海为生了。蓝色文化侵入到琼海人的骨髓！

琼海已经成为海南省东部中心城市之一，正走向亚洲，走向世界！未来将与北侧的新兴航天基地——县级文昌市形成新的合作、分工与竞争态势！

第三卷图 38-1　琼海海滨风光、红色娘子军纪念塔留影（1995 年 10 月）

第三卷图 38-2　琼海的博鳌亚洲论坛参会留影（2014 年 7 月）

39. 中部山区：生态岛的"肺"——五指山

五指山是海南第一山脉，其最高峰海拔 1 867 米，因山峰形似五指得名，是海南岛的象征，也是中国名山之一，属热带雨林气候。五指山林木葱郁，为海南岛"绿肺"之源，被国际旅游组织列为 A 级旅游景点。海南建省以来，一直重视五指山的生态保护与建设。

五指山区聚居着海南岛的黎族和苗族，革命战争年代，是岛上的红色娘子军的根据地，琼崖纵队司令部在这里指挥过无数次的抗敌斗争，1948 年 6 月，五指山地区先于全岛乃至华南许多省区获得解放。1949 年 10 月 1 日为庆祝中华人民共和国成立，海南树立了第一面五星红旗。1950 年 5 月海南岛解放，设海南行政区，归属广东省。1952 年 7 月 1 日成立"海南黎族苗族自治区"，驻地抱由镇，1953 年 7 月迁驻通什镇，1955 年 10 月改为海南黎族苗族自治州。1986 年 6 月，国务院批准设立通什市（县级），归自治州领导。海南建省后，海南行政区及自治州撤销，2001 年 7 月通什市更名为"五指山市"。

我在海南做研究，多次走过、路过五指山，入住中心城区（通什），还陪同美国著名华人地理学家马润潮教授，游览热带雨林风景区，看黎族、苗族的歌舞表演，吃民族餐，并参观海南民族师范学校和琼崖纵队司令部旧址，留下不少足迹（第三卷图 39-0）。

第三卷图 39-0　五指山市景观及留影（该市原名通什，属海南省直辖县级市。1994年、1995年）

40. 政区规划：为海南政区空间格局定调

2003年的5月，民政部下文要求各省、自治区、直辖市开展设市规划工作。应海南省民政厅之邀，我带领多位教师和弟子于2004年3月赴海南，全面开展这项工作（第三卷图40-0）。此次规划进一步强调了行政区划对城市化的重要推进作用，通过规划，有序、规范城市发展，基本确定未来海南省建制城市的大空间格局，包括服务于海南省战略规划的空间布局和城市等级构想。省委、省政府高度重视此次规划，多位省领导接见课题组，并对规划提出了要求。

第三卷图40-0　海南政区规划调研留影（2004年3月）

为此，规划组开展了全省性的大规模调查，收集资料，广泛听取各部门、各地区的意见。记得在三亚市召开的一次乡镇区划调整的座谈会上，一位参会的同志对地方政府前期推进的乡镇区划调整颇有微词。他说，山区乡镇合并后，老百姓办事不方便了，领个结婚证去镇上办理来回一天都不够，得在镇上住一个晚上！这件事我记在心里，正巧第二天一位人民日报记者电话采访我，我讲了这个案例，被曝光。事后我获悉，为此事，海南省一位领导还专门查问此人此事，得到有关部门的证实！

回到学校，课题组对大量资料进行了分析，经过认真讨论，提出多个方案和设想，反复比较，综合分析，于2005年完成规划报告，并顺利通过验收。

本次规划充分吸取了1993年的"海南省设市预测与规划"的成果，同时进一步强调了省域未来的城市空间大格局与工业化、城市化的协调契合发展与衔接，重点对"地级市"的合理布局进行了科学论证，确立了海南省北、南、西、东、中五个区域的建制市的空间布局、功能定位和等级定位。报告继续强化北南两头，即省会海口和地级市三亚；重点分析了西部儋州之洋浦地区和东部琼海之博鳌地区的城市—经济发展大趋势，论证了这两个城市在适当时机升格为地级市的必要性与可行性。此外，对中部的五指山市的功能定位和未来的行政等级予以关注。

规划还根据国内外的政治经济形势和地缘政治特点，重点强调了设立地级三沙市的必要性和紧迫性。

与以往设市预测与规划不同的是，将"建制镇"纳入设市体系规划之中，因而此次行政区划规划实际上是一个省域建制市镇体系规划。

此次规划为海南省未来建制市、镇的空间格局定下了基调。时隔10余年，即2012年6月三沙设立地级市，2015年2月儋州升格为地级市。

41. 群岛城市：三沙

三沙市由西沙群岛、中沙群岛、南沙群岛的岛礁及其海域等组成，为2012年设置的海南省新兴地级市，市政府驻地在西沙群岛的永兴岛，为中国位置最南、总面积最大（含海域面积）、陆地面积最小和人口最少的地级市，也是继浙江舟山市之后，第二个以群岛设市的地级行政区。三沙市设市初期陆地面积约为10平方千米。永兴岛位于西沙群岛，同时也是整个南海诸岛中最大的岛屿，面积为2.1平方千米，其海域面积约200万平方千米，人口约1 400多人（第三卷图41-1、图41-2）。

第三卷图 41-1　三沙市西沙区的永兴岛

第三卷图 41-2　三沙市的南沙区政府驻地永暑礁、西沙区的永兴学校

1950 年 5 月海南岛解放，1959 年，西沙群岛、南沙群岛、中沙群岛办事处设立，由海南行政区管辖。1988 年，西沙群岛、南沙群岛、中沙群岛办事处划归新成立的海南省管辖。1993 年，我们在开展"海南省设市预测与规划"研究项目时，对东沙和西沙办事处进行过调研；2004 年 4 月，开展"海南省行政区划规划"课题时，三沙市被纳入规划内容。

2012 年 6 月 21 日，国务院正式批准，撤销西沙群岛、南沙群岛、中沙群岛办事处，建立地级三沙市，市政府驻西沙永兴岛。

三沙市所在的南海在地质上位于太平洋板块、欧亚板块、印度洋板块的交汇处，西南中沙群岛为海洋型海岛，除了西沙群岛的高尖石为海底火山喷发形成熔岩露出海面为火山岛外，其余全部是珊瑚岛礁。属热带海洋性季风气候，受大陆气候和陆地径流影响很小，全年为夏季，热量为全国之冠，但由于海洋的调节，少有酷暑。

三沙海区蕴藏有十分丰富的生物、矿产、能源资源，开发利用前景广阔；在永兴岛建有机场、港口码头、学校、医院等公共服务设施，以及西沙海洋博物馆、西沙将军林、海军收复西沙群岛纪念碑等。海洋捕捞、旅游是目前的主要产业。基于三沙海区地理方位极大的空间优势，三沙市的海洋旅游、捕捞加工，特别是地缘政治意义更具重要性。

42. 海南未来：走向世界的大战略

海南建省以来建设成就辉煌，引人注目。基于其政治、经济、地理空间战略地位的特殊重要性，国家一直在把握海南的发展方向与重点。总体看，可以归纳为四大战略，即 2018 年 4 月，《中共中央 国务院关于支持海南全面深化改革开放的指导意见》中提出的全面深化改革开放试验区、国家生态文明试验区、国际旅游消费中心、国家重大战略服务保障区。四大战略地位符合海南的实际，也是海南未来发展的方向。我以为，海南实施四大战略，走向海洋时代的关键是三个重大举措：

（1）建设海南自由贸易试验区。自由贸易试验区建设是党中央在新时代推进改革开放的一项重要战略性举措，在我国改革开放进程中具有里程碑意义。对于海南省来说，意义更为重大，它是推进海南省四大战略的重要抓手和突破点，有利于全面推进深化改革，建设国际旅游消费中心，是实施海南国家战略的重要保障。

2013 年 9 月中国（上海）自由贸易试验区建立以来，中央政府已经在全国布局了 18 个自贸试验区，实现了"东西南北中"的全覆盖，其中海南自贸区面积最大，面积达 3.5 万平方千米。在规模上，不仅远远超过中国其他自贸区，而且还将远超香港和新加坡及迪拜，是全球最大自由贸易港。这将意味着这个特别区域，可以从事转口贸易、加工、旅游和服务等业务；允许境外货物、资金自由进出，外国船只、飞机自由往来，并且外国货物可以豁免关税！除了贸易自由外，还包括投资自由、雇工自由、经营自由、离岸业务自由、经营人员出入境自由等。由此，海南省将成为中国最具经济活力的重要区域之一，成为南海离岛服务中心，成为中国沟通亚洲太平洋地区的金融、货物集散的重要中心，国际消费中心，国际能源、航运、大宗商品等离岸金融中心。

海南是我国唯一一个省级经济特区。与国内其他自贸区相比，海南作为单一省级行政区划，更为顺当，阻力更小，有利统筹协调，有利于在更大地理空间范围内谋划建设。

（2）建设好海南生态省。1999 年，海南省人民代表大会通过了《海南生态省建设规划纲要》，2007 年，省第五次党代会明确提出实施"生态立省"战略，不久又提出"建设全国生态文明示范区"。2013年4月，习近平总书记视察海南时指出，要着力在"增绿""护蓝"上下功夫，为全国生态文明建设当个表率，为子孙后代留下可持续发展的"绿色银行"。我以为，青山绿水、碧海蓝天是建设海南国际旅游岛的最大本钱，必须倍加珍爱、精心呵护。海南省陆地是一个位于低纬度、相对独立的岛屿，其热带岛屿生态系统和环境资源敏感脆弱，无论从海南省的经济、社会、文化的可持续发展，人居生活质量的大幅度提升，还是从推进海南自由贸易试验区建设，对外开放，大规模吸引投资，引进人才等方面来看，保持良好的生态环境都是一个极为重要的基础条件。必须持之以恒，认真抓好。让海南的山更绿、水更清、天更蓝、空气更清新。

（3）大力提升软环境。海南全面深化改革开放能否最终取得成功，四大战略目标能否顺利实现，海南能否走向世界，关键是要有一支高水平、高素质的公务员队伍，一流的管理人才，优质的营商环境和完备的公共服务体系，乃至海南省全民素质的大大提升，这是决定海南省战略成功的关键。

第七章　港澳台

港澳台指香港特别行政区、澳门特别行政区、台湾省（地区），是中华人民共和国领土不可分割的组成部分。从地理的共性看，三地区都是半岛和岛屿，面临海洋，地理位置优越，都属于亚热带海洋性气候，海洋运输、海洋经济发达，外向型经济比重大，都实行市场经济体制，开放度高。

香港、澳门、台湾三个地区实行非社会主义制度，其中香港、澳门实行"一国两制"。香港文化、澳门文化、台湾文化都以中华文化为主体，是中华文化的重要组成部分。

香港是一座高度繁荣的国际大都市，与纽约、伦敦并称为"纽伦港"，是全球第三大金融中心，重要的国际金融、贸易、航运中心和国际创新科技中心，也是全球最自由的经济体和最具竞争力的城市之一，在世界享有极高声誉。

澳门是一个国际自由港和世界旅游休闲中心，世界人口密度最高的地区之一，也是世界四大赌城之一。港珠澳大桥建成通车，进一步密切了香港、澳门与珠三角之间的联系，对实施"大湾区"国家战略具有深远意义。

台湾，是中华人民共和国省级行政区。自20世纪60年代起推行出口导向型工业化战略，早期经济社会发展较快，曾为"亚洲四小龙"之一，90年代跻身发达经济体之列。

中国内地改革开放之后，我多次前往香港进行学术交流活动和探亲，两次游览澳门，两次应台湾学界之邀前往交流访问，在港澳台留下深深足迹，感受三地经济之繁荣，香港、澳门和祖国宝岛台湾之美，中华文化根之深。

（二十一）香港特别行政区

43. 中华人民共和国的省级政区：香港特别行政区

香港（Hong Kong），简称"港"（HK），全称中华人民共和国香港特别行政区（第三卷图 43-0），位于中国南部、珠江口以东，西与中国澳门隔海相望，北与深圳市相邻，南临珠海市万山群岛，包括香港岛、九龙、新界和周围 262 个岛屿。香港的陆地总面积为 1 106.34 平方千米、海域面积 1 648.69 平方千米，总人口约 747.42 万（2020 年），是世界上人口密度最高的地区之一，2021 年底人均寿命达到 85.29 岁，居全球之冠。

第三卷图 43-0　香港的区旗、区徽

香港自古以来就是中国的领土。1840 年之前，香港还是一个小渔村。1842—1997 年间曾受英国殖民统治。二战以后，香港经济和社会迅速发展，跻身"亚洲四小龙"行列，并成为全球最富裕、经济最发达和生活水准最高的地区之一。1997 年 7 月 1 日，中国政府对香港恢复行使主权，成立香港特别行政区。中央拥有对香港的全面管治权，香港保持原有的资本主义制度长期不变，并享受外交及国防以外所有事务的高度自治权。"一国两制"、"港人治港"、高度自治是中国政府的基本国策。

香港是一座高度繁荣的自由港和国际大都市，全球第三大金融中心，重要的国际贸易、航运中心和国际创新科技中心，也是全球最自由经济体和最具竞争力城市之一。

香港是中西方文化交融之地，具有华人智慧与社会制度优势合二为一的特点，以廉洁的政府、良好的治安、自由的经济体系及完善的法治闻名于世。2020 年 6 月，《中华人民共和国香港特别行政区维护国家安全法》发布，对维护香港的社会稳定、维护国家的安全具有重大意义。

我多次赴港参加国际学术研讨，探亲访友，对香港这座繁华的国际都会多有了解，在港岛、九龙，新市镇等地观察体验，与港人交流，对香港的生活、社会多有体验，印象深刻。

44. 从小岛渔村到国际都会

香港的历史久远，经历沧桑曲折，从一个不起眼的小岛渔村，发展成为一个世人公认的国际都会（第三卷图 44-1 至图 44-4）。

第三卷图 44-1　香港的海洋养殖业（2013 年）

第三卷图 44-2　香港新界大埔区落马洲避风港湾及留影（2013 年）

第三卷图 44-3　香港海岸线 54 年的变迁（2020 年）

第三卷图 44-4　当代香港繁荣的商务楼（2020 年）

数百年前，香港为一个荒岛。明朝万历年间，从东莞县划出部分地方成立新安县，包括后来的香港地区。1662 年清朝派兵在新界据守，并命令乡民留辫。鸦片战争前夕，岛上居住有 5 000 多人，以海上捕鱼、农耕和采石为生。1841 年，英国着手在港岛北部修建维多利亚城，吸引各国人士来港贸易，带动了香港航运、造船、货栈、客店、商贸和银行业等的发展。1851 年，太平天国运动在华南兴起，大批居民避居香港，富商、买办等携资入港，香港人口迅速增加，店铺、商号俱增，商贸活动兴旺。

中英第二次鸦片战争，英国割占九龙半岛，控制了维多利亚港，转口贸易增长。1870 年以后，商品交易的重点转向金融、航运和贸易服务业，香港经济，特别是房地产、建筑和船舶修造发展迅猛。1898 年，"新界"和 235 个岛屿被强迫租借给英国 99 年。香港辖区扩大，人口增加，经济发展。但在很长一段时期内，远东的中心依旧是上海。

香港也是一个移民城市，1937 年抗日战争全面爆发后，中国对外贸易的重心南移，香港成为战时中国对外贸易的枢纽。大量内地厂商迁往香港，香港人口增至 160 多万，其中许多是上海精英！但日军侵占香港，经济遭受摧残，1945 年人口减少到 60 万。此后内地内战爆发，大量新移民、富商巨贾涌入，香港自由港地位恢复，1949 年进出口贸易额突破 50 亿港元，成为转口贸易型港口城市。1953 年香港人口超过 250 万（第三卷图 44-5、图 44-6）。

由于美国对中国内地的封锁禁运，转口贸易停滞，香港利用内陆和东南亚的资金、劳动力等优势，发展劳动密集型产业，走"出口导向型"的工业化路子。1959 年，香港制成品占出口总量首超转口商品，实现了由转口贸易型到加工贸易型工业城市的转变。1960—1980 年代是香港经济高速增长期。

内地改革开放之后，香港的制造业大批北上转移内地，香港的现代服务业获得发展，迅速成为"亚洲四小龙"之一。1995 年，香港的人口增加到 616 万，人均国民生产总值达 23 059 美元，超过英国、澳大利亚等一些西方发达国家，迅速成为世界第一大货柜港、第五大国际银行中心、第四大黄金市场、第五大外汇市场和第八大股票市场。

第三卷图 44-5　香港商店开门大吉（2010 年）

第三卷图 44-6　香港繁华的商业街（2010 年）

第七章　港澳台 | 105

香港经济的繁荣与发展，除了自身的地理区位、沿海港口，以及自由港、先进的管理等制度性因素之外，主要得益于背靠幅员广大、人口众多的中国内地，得益于与内地的经济联系以及提供的方便条件。这种互补和联系、特别是相互投入巨资，产生的巨大活力得以充分释放，大大加快了香港经济的发展和转型升级的步伐，也促进了内地，特别是南部沿海经济的发展和体制改革所释放的巨大能量。

1997年7月1日，中国政府对香港恢复行使主权，香港特别行政区成立，《中华人民共和国香港特别行政区基本法》开始实施。香港进入了"一国两制"、"港人治港"、高度自治的历史新纪元。回归后的香港经济保持高速稳定发展，失业率下降，社会稳定，与内地的经济文化交流不断深化（第三卷图44-7）。

第三卷图44-7　一年一度的香港城市中心区的书展（2010年）

近几年来，受国际环境的影响，香港的经济面临一定困难。2019年，受"反修例"引发的社会动荡影响，香港各行各业遭到重创，经济发展面临严重挑战。2019—2020年财政年度，特区政府首次出现15年来财政赤字，但基于香港经济自身基本面和弹性适应能力、制度优势和背靠祖国等优势，香港经济定会走出寒冬，重新注入发展活力，迈上新台阶。

2020年6月30日，《国家安全法》在香港公布实施，对确保香港的安全、社会稳定和经济繁荣有重大意义。作为祖国大家庭的重要成员，一个人口拥有745万的国际大都会，香港的未来一定更加美好！

45. 香港岛·九龙半岛·新界·维多利亚湾

香港位于中国南部沿海，珠江口东侧，与广东省深圳市一河相隔，南部海域与珠海市万山群岛海域相连，其自然地理环境与广东省南部沿海地区一脉相承。

香港地区属于受海水淹没的多山地体，山多平地少。境内山陵、地貌构造体系与华南丘陵视为一体。全域约有650平方千米（即约60%的陆地总面积）属天然山坡地，山脉走向为东北—西南向，以新界中部的大帽山（958米）为第一高峰向多方向伸延；大屿山岛上的凤凰山（934米）及大东山（869米）则为另一条主要山脉。

香港的262个岛屿中，以大屿山面积最大，其次是香港岛，其海岸线较长而曲折。香港自然形成的平地较少，较大平地集中在近珠江口的新界西北部的元朗、粉岭一带，为河流形成的冲积平原。

香港的气候和广东省南部沿海同属亚热带季风气候区，夏季炎热多雨潮湿，冬季凉爽干燥。香港不多的自然平地地势低洼，遇上暴雨即形同泽国，而山坡地遇暴雨又会导致滑坡、泥石流。由此，填海成为城市土地扩展的重要途径。香港岛、九龙半岛的人口—建筑密集区，其平地大多由人工填海而成。

香港的陆地地理区域由香港岛、九龙半岛和新界三部分组成，其陆地面积为1 106.34平方千米、海域面积1 648.69平方千米。维多利亚湾是联系香港岛和九龙半岛之间的港湾。

香港岛（英文：Hong Kong Island），简称为港岛，是中国香港最繁荣的地方，其面积（含周围小岛）为80.25平方千米（1996年），为仅次于大屿山岛的香港第二大岛。岛屿以山地为主，一般高度在300—400米，最高峰太平山海拔554米；平地部分大多由填海而成。香港岛是中国香港开埠最早的地区，为香港的商业和政治中心。岛上摩天大楼高度密集，居住人口近130万，是世界人口密度最高的地区之一，设有中西区、湾仔区、东区、南区四个区议会。

九龙半岛（英文：Kowloon Peninsula），简称九龙，与香港岛隔海相望，三面被维多利亚湾包围，设有5个分区。第二次鸦片战争后被迫割让英国，其北界为今日之界限街；后又租借九龙半岛北部（不含九龙寨城），面积为46.93平方千米，人口202万，占香港总人口的30%，也是香港最繁荣的中心城区组成部分。南部为商业区，以尖沙咀、油麻地及旺角（简称油尖旺）最具吸引力，尖沙咀中心等为九龙著名的商业大厦，商店鳞次栉比，是购物的天堂；九龙东、西部为人口稠密的工业区，北部是住宅区。九龙的红磡火车站与曾经为世界最繁忙机场之一的启德机场地理位置相近，交通发达。

新界（英文：New Territories），意为"新的租界"，位于香港北部，与深圳市隔河相望，南与九龙相接，是香港新发展的地区。它是香港三大地理分区之中面积最大的一个地区，面积约为975.23平方千米，占全港总面积的88%，人口334万（2010年），占全港人口49.8%。设有9个分区，其中新界东4个分区、新界西5个分区。新界丘陵起伏，地势较高，最高峰大帽山海拔957米。地势大致南高北低，中部高，东西沿海低。早年，新界以农业为主，随香港经济的发展，新界葵涌集装箱货柜码头建成使用，填海造陆规划布局建设了诸如观塘和荃湾（工业新市镇）、沙田和荃湾的大型公共屋村（居住区），以及大埔、上水、屯门、粉岭、元朗等一批新市镇，新界成为香港的海运中心、工业中心。内地改革开放以来，香港经济依托内地迅猛发展，新界近水楼台先得月，得益最多，人口大增，迅速成为香港重要的人口—经济集聚区。

维多利亚港（英文：Victoria Harbour），简称维港，名称来自英国的维多利亚女王。维港是位于香港岛和九龙半岛之间的海港。港阔水深，万吨级以上货船可自由航行停泊；由于四周的岛屿及九龙的狮子山、港岛的太平山等高山环抱，港湾内的船只免受强风侵袭，四季通航，自由进出，航行安全，被誉为世界三大天然良港之一。

得益于海上贸易的发展，百余年来，维多利亚港一直主导着香港经济的发展与繁荣，影响着香港的历史文化，是香港逐步成为国际化大都市的关键因素。可以说，没有维多利亚港，就没有香港的繁华、繁荣。香港的经久不衰，香港的魅力，之所以吸引世人眼球，都与维多利亚港湾有关。

我每次赴港都要去港岛走走看看，登上山顶，俯瞰维多利亚湾那海蓝天蓝，宽窄适中，色彩斑斓，进进出出，来往穿梭于港湾的大小船只和军舰；港湾连接着港岛和九龙，陆海相融。我去过欧洲，到过美国，游过澳大利亚、日本、韩国等，见过许多港湾，香港的维多利亚港湾绝对一流！

夏日的夜晚乘坐游轮荡漾在维港，观赏港岛和九龙的高低错落的大厦，自由地呼吸着海上的新鲜空气，感受迷人的灯光下港湾的美丽、繁华景象。那一刻，感到特别放松，舒畅，充满活力，有一种特别的自由和自豪感（第三卷图45-1至图45-4）。

第三卷图 45-1　香港环球贸易广场

第三卷图 45-2　登太平山山顶及留影（2013年7月）

第三卷图 45-3　港岛全貌（2013 年 7 月）

第三卷图 45-4　避风港湾（2013 年 7 月）

46. 香港的土地开发与城市发展

香港的陆地面积有 1 100 多平方千米，但多为山地丘陵，新界北部的元朗和粉岭有冲积平原。位于香港岛北部和九龙半岛的香港主城区的建成区基本由原狭窄的平地外扩填海而成。如今香港的城市建成区面积只有 214 平方千米，人口 700 多万，建成区的人口密度高达 3 万人/平方千米，是世界少有的城市人口高密集地区。基于生态环境保护的需要，可供城市建设的土地资源极为有限。解决城市扩展的土地矛盾一直是香港政府（1997 年 7 月 1 日起称香港特区政府）和房屋开发商的严重挑战。其基本方向有三个：一是沿建成区山坡开发；二是向新界的平地发展；三是向海要地。

由于顺山坡开发成本高，加上影响生态环境，非最佳选择；而在远离中心城区建设新市镇成本也较高，加上交通距离和人文因素，统筹规划发展并非易事，填海造地成为重要选项。据1980年前资料，香港填海造地工程成本仅为斜坡扩展工程成本的一半，而填海后出售的地皮收益却高出填海成本的三倍！这对地产商来说具有极大的诱惑力！填海造地便成为缓解香港主城区（香港、九龙、新界等）空间扩展之唯一选择。

早期香港的填海工程都为私人行为，主要集中在香港岛北岸的中西部。受多种因素的影响，填海工程进展缓慢。1978年，内地改革开放后，香港经济繁荣，人口急速增长，城市空间扩展主要引向新市镇，填海工程则主要指向北部的平原和低地地区。

总体看，香港的填海造地由早期的劈山填海向较深的海区填海造陆发展，填海方式由山石填海向泥沙吹填或两者结合方向发展。填海造地为香港发展提供了大量的城市用地，促进了城市经济的繁荣和香港人生活质量的提升。如今，香港的填海面积已经占到建成区面积的40%以上；填海造地也为政府提供了巨额的财政收入。20世纪80年代末至90年代初，西九龙、东南九龙、中环、湾仔填海面积为720平方公顷。

需要指出的是，无论是劈山增地或是填海造地，都会对香港的陆地和海洋（海湾）环境生态产生负面影响，特别是威胁到维多利亚港湾的建设、运行，因此，科学划分和全面评估填海造地利弊得失，合理划分可填海区与禁止填海区显得十分重要（第三卷图46-1至图46-3）。

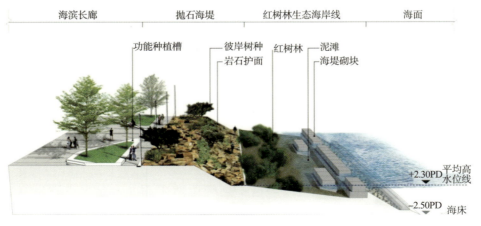

第三卷图46-1　香港离岛区东涌东填海重塑的生态海岸线

第三卷图 46-2　香港西区的填海区域 1（2008 年 6 月）

第三卷图 46-3　香港西区的填海区域 2（2008 年 6 月）

第七章　港澳台 | 111

47. 中西交融之文化

香港是中国中西方文化交融最为典型的特别行政区。紫荆花、麦兜、叮当车、赛马（第三卷图47-1），以及茶餐厅、维多利亚港、香港小姐、TVB（电视广播公司）、飞虎队、四大天王，这十大文化符号是公认的香港人情风韵和历史文化特质。香港是世界繁华都市，同时也保存有市井草根、历史遗韵。初入香港，你会感受得到它与中国本土南国的差异，以及与西方的不同。

第三卷图47-1　香港的文化符号——紫荆花、麦兜、叮当车、赛马

① 紫荆花：香港的市花，香港特区区旗的标志，象征着港人强劲的生命力和乡土情怀。

② 麦兜：一个胖乎乎的卡通小猪形象，象征着香港人凭着善良正直的"死蠢"精神，创造了属于他们的美丽世界，坚信明天会更好。

③ 叮当车：我在香港多次乘坐过叮当车，"叮当"声已经响了一百多年，这种老式有轨电车行驶在挤满各色招牌的狭窄街道上，不管风云变幻，周而复始，缓慢地走着相同的路线。它如同一位老人向人们讲述着香港历史的沧桑。

④ 赛马：据说老香港人中有近200万人是马迷，我每次去港，亲戚都要带我们去沙田赛马场食用午茶。"舞照跳，马照跑"，这句出自邓小平的承诺，仍是港人生活的写照。赛马已经成为港人"永不言败"的精神，成为"一国两制"、港人治港、高度自治的一个视角。

⑤ 茶餐厅：这个源自英式咖啡快餐厅概念的饮食店遍布香港大街小巷，为香港人最草根、最本土的饮食店，"饮茶"成为港人每日生活的习性，家人、亲友闲聊聚会的重要场所，体现了香港浓浓的平民气氛；香港茶餐厅是港人最习惯的"饮茶"、用餐场所。

此外，维多利亚港、香港小姐、TVB（电视广播公司）、飞虎队、四大天王也都是香港文化的重要符号。

回望历史，香港的殖民统治长达百年之久，其经济发展速度、城市繁华之程度，令人赞叹。虽身处西方互不相融的冷战夹缝之中，却以坚定的姿态走自己的方向，取得了成功，令世人叹服。其奥妙在于香港这块土地上所拥有的中西方交融、碰撞所形成的一种特有的香港人的香港精神。这就是：坚韧、拼搏、自强、应变、包容的香港精神。我在亲戚家短暂生活，走街串巷闲逛时感受到了这种精神（第三卷图47-2至图47-4）。

第三卷图 47-2　经常举办各种展览活动的香港会议展览中心
（书展是最受香港人欢迎的展览之一。2013 年 7 月）

第三卷图 47-3　香港沙田新市镇的跑马场（2013 年 7 月）

第三卷图 47-4　香港迪士尼乐园留影（2008 年 6 月）

48. 曾经的世界第一港

香港，依港而生，是一个港口型国际都会。我每次去香港，车过青葵公路，总会望着窗外那蓝色海边数不清、如同积木的集装箱整整齐齐地摆放在码头，集装箱旁则是色彩鲜艳的各式吊车，相当壮观（第三卷图 48-1、图 48-2）。

第三卷图 48-1　香港密集的货柜码头（2013 年 7 月）

第三卷图 48-2　香港与深圳、东莞的货柜流（2013 年 7 月）

第七章　港澳台 | 115

《南京条约》之后，香港被辟为自由港。1950年前，香港还是一个单纯的转口贸易港，内地最大的进出口口岸，二战后，香港发展成为世界最大转口港和航运中心。20世纪50年代中后期，受内地的政治经济因素影响，香港转口贸易逐步被自身的产品加工出口贸易所代替，香港本地产品的出口值要占70%；60年代后，香港的纺织、成衣、塑料、玩具、电子产品等工业蓬勃发展，出口额保持在80%以上。内地在香港的转口贸易比重不高。

80年代，香港的出口贸易发生重大变化，转口贸易急剧增长。1980年，香港的集装箱吞吐量超过日本神户，成为世界第三大集装箱港，此后又迅速发展成为世界集装箱第一大港。与此同时，转口贸易比重不断增加，1991年达到70%，同期的离岸贸易增长更快！1992年之后到21世纪初，香港的集装箱运输量一直保持着世界"老大"地位！

进入新世纪，中国内地经济连续20多年的高速发展，上海、宁波、深圳、广州等一大批现代港口的建设，其规模和吞吐量迅速赶超香港。国际上，2005年、2006年，香港港被新加坡港超越，降为第2位；2007年开始，上海港上升为第2位，香港港降为第3位；2013年降为第4位；2015年起降为第5位！

在中国版图上，实现上海港对香港港的超越，似乎是一种规律，也是改革开放之后中国经济发展的必然。上海港的长江流域水网优势和其强大的经济实力所产生的辐射效应等优势，也是香港港所不及的。相比之下，香港制造业的萎缩，本地货源严重不足；深圳、广州等珠三角港口群则迅速发展，加上劳动力成本、集疏运费用以及港口服务成本优势，使香港港的集装箱货流以中转为主，香港港世界老大的地位将难以扳回！

但香港港作为天然深水良港和天然避风港，其优越的地理位置和港口条件，以及自由港的制度和管理效率、低港口费率等优势依然存在，作为转口贸易港，香港港依然是全球最繁忙和最高效率的国际集装箱港口之一，依然是全球供应链上的主要枢纽港。

香港港拥有香港仔、青山（屯门）和维多利亚等15个港区，以维多利亚港区规模最大，条件最好。有80多条国际班轮每周提供约500班集装箱班轮服务，连接香港港至世界各地500多个目的地。

49. 香港的转型发展

香港是高度开放的外向型城市经济体，回旋余地小，"任何外界的风吹草动，都有可能在香港酿成大的波澜"。亚洲金融危机、美国次贷危机、非典疫情、新冠病毒和中美经贸摩擦等，特别是贸易保护主义措施使香港贸易出口受阻，发达国家相继通过结构性改革和再工业化促进本国经济的发展，其所引发的全球新分工，不仅影响内地的制造业，也影响到香港原有的角色与功能。这是香港经济下滑的外部因素。

从内部因素来看，占地区生产总值比重超过90%的金融服务、贸易及物流、旅游、专业服务及工商业支援服务产业，既是香港的传统优势，同时也明显地反映了香港经济的结构性矛盾。经济发展缺乏新的引擎和新动能，科技创新产业错失黄金发展期。此外，在"中国内地经济高速度发展，人民生活水平大幅度提升的同时，香港显得相对落伍"所产生的香港社会矛盾和心理落差也加剧了经济发展的矛盾，并影响社会稳定，使香港经济雪上加霜！

香港经济如何振兴？我以为，首先，要治乱。坚定地在香港实行《国家安全法》，尽快稳定社会，提振社会信心。其次，要坚定"向北"。背靠祖国内地，与国家战略相向而行、转型升级。香港需以自身的管理、制度、效率，特别是发挥全球顶级金融中心资本市场的优势，加快转型发展，破解经济发展的结构性矛盾，依托香港特有的软实力与影响力担当新功能，为提升国家在全球经济治理中的话语权出力、献策。香港的未来，应当把握国家发展的机遇，在中华民族伟大复兴的历史进程中锻造新的辉煌。

随着《粤港澳大湾区发展规划纲要》的推进实施，香港将在中国大区域分工，在全球化发展中发挥更积极的作用。

"香港需要扮演的功能不是简单地充当中间人，而是要作为经济活动的统筹者、协调者、引发者和策划者，进一步向产业链的高端延伸。"唯此，香港才能在高度发达的全球商业网络中发挥重要节点功能（第三卷图 49-1 至图 49-5）。

第三卷图 49-1　山顶公园香港旧城的模型小屋（2013 年 7 月）

第三卷图 49-2　乘坐渡轮饱览维多利亚港湾两侧的现代繁华（2013 年 7 月）

第三卷图 49-3　香港繁华的街市商业（2013 年 7 月）

第三卷图 49-4　港岛夜景（2010 年 12 月）

第三卷图 49-5　香港夜晚的尖沙咀（2010 年 12 月）

50. 香港的街区

"街区"是一个城市规划的概念，多指街道（马路）围合的商业街区。美国的街区是城市人口统计区，中国的街区是城市规划的基本单元。香港是一个繁华的国际大都市，街区繁华，数量多，特色显著。每一个街区都有其特定的文化背景。不仅是香港人，来到香港旅游、探亲度假，或者路过的世界各地的人来到香港，都会去不同的街区溜达，欣赏、感受那五颜六色、多姿多彩、琳琅满目、独特的街区，特别是在夜晚。

我也不例外，每次去香港，亲友都会带着我和老伴在著名的街区走走逛逛，看见喜欢的衣物、食品、装饰品、常用药品（活络油、十点水、风油精之类）、小电器等商品，讨价还价买一些带回来，也会买些照相机、电脑之类的商品，几乎没有假货，价格比较公道。

香港的街区很多，可以从历史时序、规模大小、街区性质、商业品牌、文化特质、富人区与贫民区、地理区位等不同的角度进行分类并比较。如果你有兴趣对每一类街区进行仔细观察，品味，可以看到"传统"与"新意"的碰撞，感受"繁华"与"宁静"的相融，从而深层次了解、理解香港这座城市的无穷魅力（第三卷图 50-1 至图 50-4）。

第三卷图 50-1　香港商业街区考察留影（2010 年 12 月）

第七章　港澳台 | 119

第三卷图 50-2　香港商业街区旺角维景酒店（在双人房衣帽间巧妙地设计了一个 3 平方米的私密间。2010 年 12 月）

第三卷图 50-3　香港九龙街区（2010 年 12 月）

第三卷图 50-4　香港尖沙咀及留影（2015 年 7 月）

① 旧城中环：这里是香港摩天大厦林立的金融区。然而，在其天际线背面，却是香港殖民地时代最早发展的地区。这里遍布殖民地古迹、庙宇、艺廊、老字号、潮店、餐厅和酒吧……，在这里，可以一窥香港的百年历史变迁，可谓之为浓缩版的香港。

② 南区：位于港岛南部，面向太平洋，这里保留有古庙、老字号商店、餐馆等天然和原始的风貌，别有风味。曾经的香港黄竹坑旧工业大厦，现已变身为宽敞的仓库，吸引了许多艺术家设计工作室入驻。

③ 西环：位于香港岛西边，是香港最老的街区之一。这里保存有盘根错节的石墙树、仅存的公共泳棚、"叮叮"的电车巴士。在这里可以体味早期香港中西文化的碰撞、交融特色。

④ 深水埗：这里是九龙的一个老街区，保留有不少古迹与老建筑。是老香港人心目中充满人情味的旧区，在这里可以体味香港人市井生活的悠闲自在。

⑤ 旺角：这里是一个无人不晓的不夜城。街边的水果小摊，喧嚣的小食店，以及川流不息的人流，对于从小看港片长大的港人来说，是再熟悉不过的情景。

⑥ 铜锣湾：这里是香港的购物天堂，这里既有多个大型商场，也有平民化的露天市集、潮流名店。初去香港的人都会选择铜锣湾时代广场购物。

⑦ 湾仔：位于香港岛北岸中央位置，是一个新旧并存、历史最悠久和最富传统文化特色的地区之一。原是一个海滨小渔村，如今密集的住宅与商业楼宇环绕着洪圣古庙，多座世界级的著名商业大厦与摩天大楼集聚，拥有香港会议展览中心、中环广场及时代广场。铜锣湾至红磡的海底隧道落成，以及滨海旁的告士打道启用之后，湾仔便成为连接香港与九龙，贯通港岛东部与西部的重要交通枢纽。

⑧ 尖沙咀：位于九龙半岛的南端，与香港岛的中环及湾仔隔着维多利亚港相望。原为九龙半岛南端的一个海角，毗邻红磡湾，是香港的心脏地带。为香港的交通枢纽，建有香港太空馆和香港文化中心，异国文化风情是如今尖沙咀的特色。

⑨ 葵涌：位于新界西南，是香港年轻人的购物天堂，在倒闭的旧工业大厦里文创工作

坊、古着店、咖啡厅生气蓬勃。有不少是年轻人创业的梦想小店。

⑩ 元朗：这里有一座建于明朝、500多年历史的古老围城——吉庆围。当年村民为防止猖獗的盗寇而建；在邓氏围村建筑群曾经发生过抗击英军的战役。

以上十大著名街区尽管有点老旧，然而，正是这种老旧保留了香港的本色，我很喜欢它们。香港还是那个香港，香港没有变。

51. 香港的社区生活

改革开放之后，内地的亲友始赴港探亲，但只允许直系的子女或兄弟姐妹，我当然不属此类，也无缘和夫人一道前往香港探亲。然而我和同事梅安新教授受香港中文大学崇基学院地理学系之邀请访问了两周，我在书院做了两场关于中国人口问题的学术报告，感受香港的教育模式和香港中文大学的教学方式。此后，又多次应邀去香港中文大学、香港浸会大学、香港大学等参加国际学术研讨会，每次赴港都会去亲戚家，由亲友陪同参观香港的著名景点，逛街市；入住在香港亲戚家，体验香港的社区生活则是在我退休之后，与老伴一同前往探亲、短暂生活居住的时光（第三卷图51-1至图51-9）。

第三卷图51-1　精心规划设计、环境优美、生活方便的中档社区——美孚新邨（2013年7月）

第三卷图51-2　美孚新邨一家大型饭店的茶餐厅（2013年7月）

第三卷图 51-3　美孚新邨荔枝角公园和儿童乐园（2013 年 7 月）

第三卷图 51-4　何文田社区（香港早期的富人大多集居在这里。2013 年 7 月）

第三卷图 51-5　何文田社区密集的住屋（2013 年 7 月）

第七章　港澳台 | 123

第三卷图 51-6　何文田社区附近的教育与文化设施（2013 年 7 月）

第三卷图 51-7　在何文田社区亲戚家中过圣诞节（亲戚在介绍居家装饰环境。2010 年 12 月）

第三卷图 51-8　为圣诞节准备丰盛晚餐的亲戚（2010 年 12 月）

第三卷图 51-9　几代人同乐同影（2010 年 12 月）

对于初步体验香港人的特质和香港的社区生活来说，两周的时间已经足够。

与我们同龄的香港人，大多是在1949年前后赴港，其中许多人白手起家，依托香港的特殊营商环境，靠勤奋、智慧起家并发家，改革开放后在珠三角投资办厂，取得成功。讲究诚信，热情好客，懂得规矩，是香港人从业经商成功的秘诀。

香港寸土如金，地价房价很贵，普通百姓居家空间狭小，设计精巧。在香港购物，一分货一分价；香港的食品注重安全，大街小巷遍布"茶餐厅"、生活日用品商店，"饮茶"、购物十分方便，价格不贵，服务员薪水不高，但服务一流，无论是名店，还是小店；水果、蔬菜要靠进口，价格较贵，但新鲜、安全。餐馆吃饭讲究科学膳食，绝不浪费，打包是香港人的习惯。

香港的城市通行车辆密度大过上海、广州，但道路和行车线路设计科学合理，衔接好，通行流畅，上百年的交通工具依旧行驶在城市干道。在香港似乎看不到经常开挖马路的现象，但常常看到小修小补。香港的有钱人也不一定个个都买轿车上下班。我经常在马路上行走，一定是靠路边，没有见到行人闯红灯、乱穿马路的情况。

香港人很注重传统节日，烧香拜佛成为常态，无论老少，对过世的长辈都很敬重，常去墓地拜祭逝者；元旦和春节是香港的重大节日，几代人团聚吃年夜饭是件大事，长辈们都会精心准备，很辛苦，小辈们也都不是空手而来。大年初一虽不能放鞭炮，但早起赶往"黄大仙"烧香的人很多，求新年安康发财！我和老伴有机会在亲戚家过大年，见证了三代同堂近50人的亲情、热闹场面，拍下这在内地少见的家族欢聚景象！

我在香港何文田社区短暂居住的生活中几乎没有感受到社区单位的存在，有的只是物业，每栋楼，或者一个社区，甚至大型社区（如美孚新邨），也都是一家物业管理，业主按月缴纳房租或税费，有条有理，大楼进出，管理员、门警都很有礼貌。

然而，在香港繁华、富人的背后，至今依然有一些贫民生活在不被人注意的郊野。这也许是资本主义制度下社会的另一面（第三卷图51-10）。

第三卷图51-10　香港的"下只角"——油麻地（2013年7月）

52. 访问香港房屋署：公共屋邨·廉租屋

1988年4月，我访问香港中文大学时，时任香港中文大学教务长的杨汝万教授安排了一次参观访问香港房屋署的活动，印象特别深刻，也颇有意义。

房屋署是香港政府房屋及规划地政局下辖的一个部门，专责管理香港公共房屋，主要是从香港房屋委员会（独立的法定机构）收集有关公共房屋的各种意见，制定政策，并执行。

香港昂贵的地价，抬升了房价，大多数平民百姓都买不起房，为满足低收入居民的住屋需求，香港政府、政府资助机构或非营利机构兴建了许多公共房屋。香港有近一半的居民居住在政府提供的"公共房屋"。这些公共房屋由房屋及规划地政局统一规划建造，房屋署进行管理，负责出租永久房屋和临时房屋。

关于香港公共屋邨（简称公屋），有一段港人难以忘却的历史悲惨教训。

1953年圣诞夜深水埗发生了石硖尾寮屋区大火，53 000名灾民无家可归。当时的香港政府为了尽快为灾民提供安身之所，在原址附近兴建徙置大厦（俗称七层大厦），在港岛及九龙兴建多处徙置区，吸引木屋居民入住，从此，香港政府开始大量建造公营房屋。

1972年香港政府提出了"十年建屋计划"，1973年香港房屋署成立，先后推出居者有其屋计划（1976年）、香港长远房屋策略（1988年）等，随情况的变化调整政策，缓解香港居民对房屋的需求，不断完善、提升公屋的设施和品质。

几十年来，对于政府出资建造大量公屋的举措，也引发了不同的声音。由于政府不断兴建公营房屋，使香港政府成为全世界最大的业主，拥有总值最高的物业。不少学者及地产商人批评政府的公屋计划是一种干预自由市场的运作，有关争议仍未平息。我以为，这也许是资本主义制度下政府的合理干预！

房屋署的官员还介绍了香港的公屋规划建设与分布情况，陪同参观了公屋样本，安排参观了沙田新市镇和屯门新市镇（第三卷图52-1、图52-2）。

第三卷图52-1　公共屋样板房及留影（香港房屋署官员介绍公共屋邨。1988年4月）

第三卷图 52-2　在香港房屋署官员陪同下参观廉租的公共屋邨留影（1988 年 4 月）

53. 访问香港中文大学·香港浸会大学·香港大学

我和梅安新教授 1988 年 4 月受邀赴香港中文大学访问，是华东师范大学学者中最早的。此后我与香港中文大学学者有过多次交流访问，印象最深的是 1998 年 8 月举办的"21 世纪中国与世界"国际地理学术会议，我向大会提交了关于"21 世纪中国内地区域可持续发展的行政区划改革思考"的论文，并作演讲。2006 年 5 月，我在香港浸会大学地理学系进行了一次关于"中国行政区经济理论问题"的学术交流活动，澳大利亚悉尼科技大学中国问题研究中心卡洛琳教授参加了此次研讨；2008 年 6 月上旬，香港大学城市规划与环境管理研究中心邀请我参加"区域合作与基建发展研讨会"，并在大会开幕式作关于"中国内地行政区经济运行下的大区域合作发展机制研究——兼谈泛珠三角区域合作的十大关系"的演讲。相关论文分别以中、英文发表。

在三所香港重要大学（第三卷图 53-1 至图 53-5）的学术交流令我受益匪浅，这对推进我们的原创性理论——行政区经济思想的海外传播也有重要意义。

第三卷图 53-1　首次访问香港中文大学留影（1988 年 4 月）

第三卷图 53-2　香港中文大学国际学术研讨会大会发言留影（1998 年 8 月）

第七章　港澳台 | 129

第三卷图 53-3　香港中文大学山顶宾馆留影（2000 年 9 月）

第三卷图 53-4　香港中文大学与杨汝万教授、沈建法教授合影（2018 年 2 月）

第三卷图 53-5　在香港大学的区域合作与基建发展研讨会留影（2008 年 6 月）

54. 观香港的城市交通有感

香港的土地面积不大，人口密集，作为国际著名大都会，城市交通发达，拥有 2 000 多千米长的道路和 1 000 多座道路构筑物、3 条沉管式越海隧道、9 条过山行车隧道及 3 座跨海大桥，是全球交通密度最高的城市之一。拥有约 60 万辆车辆，其中私家车数量约为 35 万辆。尽管地势崎岖，高楼林立，城市交通看似拥挤，但香港的交通进进出出，车水马龙，仍十分方便。我乘坐过香港的海陆空多种交通工具，地铁、双层巴士、有轨电车，以及私家车，在市中心区很少遇到塞车拥堵的情况，车行流畅，换乘十分方便，而且非常便宜，几夹港币就能解决问题。香港的交通"忙而不乱""低价实惠"，其中的奥妙不外乎以下几点：

（1）智慧规划设计，以人为本，因地制宜，市场运作，讲究使用效率。香港道路的设计因地、因山、因海而宜，流畅，衔接好。道路不宽，使用率高。在不到20米宽的行车道上，跑着公共汽车、有轨电车、出租车、私家车等各类车辆；城市主干道覆盖面广，设计流畅，主干道上建有大量的人行通道，不论从地铁出来，还是从主干道的巴士站下客，都可以通过步行直接过街或到达各大商场、公司或者旅游景点。公交实行市场化运作，管理好，是世界唯一公共交通实现盈利的城市。

（2）交通标识齐全、醒目，信号科学，停车泊位充分。香港的交通标志信息量大，图案和文字配合使用，设置系统，字、色鲜明，行车人一目了然，五颜六色的标牌很多，车行、人行都非常方便，真正体现了以人为本；过马路的交通信号按需调节，颇具人性化。难怪香港人说，只要你认识字，永远也不会迷路。

（3）完善的交通法律法规和严格执法的交通警察。香港的城市交通法规系统完善，乘客不系安全带，酒后驾驶，行车中使用手机，不遵守交通信号灯，行人闯红灯，车内饮食，超时停车，等等，都有罚款的明细表，开车人、行路人都会明白，一旦违章必遭交通警察罚款，毫不留情。法制和严格执法保障了香港城市交通的流畅。

（4）实施"公交优先"交通战略。针对香港地理环境复杂，地域狭窄，改善道路状况的空间很小，不可能大规模改善道路这一实际情况，港府积极推行"公交优先"的交通战略，着力发展人均占有道路面积少、载客量大的公共交通，对私人汽车进行一定程度的限制，如在中心市区收取高昂的停车费等，收到很好效果。难怪，住在香港中心城区的有钱人不一定都备轿车。

香港的城市交通规划建设管理的经验是实在的、可学的（第三卷图54-1至图54-10）。我曾经说过，内地的城市交通只要学香港就行。在我走过的城市之中，重庆市似乎在学香港。

第三卷图54-1　香港的城市交通——巴士（2010年12月）

第三卷图 54-2　通往新市镇的有轨电车（2013 年 7 月）

第三卷图 54-3　通往机场的青马大桥（2013 年 7 月）

第三卷图 54-4　通往机场的启德大桥（2013 年 7 月）

第三卷图 54-5　香港机场外海停泊的货船（2013 年 7 月）

第三卷图 54-6　离港留影（2013 年 7 月）

第三卷图 54-7　返回内地途中 1（2013 年 7 月）

第三卷图 54-8　返回内地途中 2（2013 年 7 月）

第三卷图 54-9　穿越维多利亚湾的隧道（2013 年 7 月）

第三卷图 54-10　穿梭于港深之间的双向高速（连接香港与内地的纽带。2013 年 7 月）

（二十二）澳门特别行政区

55. 中华人民共和国的省级政区：澳门特别行政区

澳门（Macao），全称为中华人民共和国澳门特别行政区。位于广东省珠江口西侧，与珠海市为邻，西与珠海市的湾仔和横琴对望，东与香港隔海相望，相距60千米，南临南海。其面积狭小，为32.9平方千米（包含2009年11月29日国务院批准澳门填海造地360公顷合3.6平方千米的澳门新城区），但已经已由19世纪的10.28平方千米逐步扩展了2.2倍，相当于香港的1/34；澳门的人口为68.32万（2020年底），人口密度达20 766人/平方千米，是中国面积最小、人口最少，但人口密度最大（2007年，世界国家和地区居第1位）的一级行政区域。其居民平均寿命达84.33岁，居世界国家和地区第2位（2008年）。

1553年，葡萄牙人取得了澳门的居住权，1887年12月1日，葡萄牙与清朝政府签订《中葡会议草约》和《中葡和好通商条约》，澳门被辟为殖民地。1999年12月20日中国政府恢复了对澳门的主权。经过长达400多年欧洲文明的影响，澳门成为一个东西方文化融合共存、风貌独特的城市。2005年7月15日，澳门历史城区成为联合国世界文化遗产。

澳门是一个国际自由港，也是世界四大赌城之一。澳门回归中国之后，以轻工业、旅游业、酒店业和娱乐场经营为特色的经济迅速增长，经济长盛不衰，社会和谐，人均收入高达8万美元，成为全球最发达、富裕的地区之一，也是中国"一国两制"的成功典范。

2008年一个炎热的夏天，我独自从珠海出关，前往澳门，徒步考察了近6小时，在老城区走街串巷，连拍了500多张照片。它是我走过的极有特色和魅力的"小城市"；十年之后的2018年1月，在香港亲戚陪同下，从香港入澳，又一次踏上这块美丽繁华的"小城"，对澳门新城区做了一番考察，它与老城相互呼应，相互交融，为澳门增添了新的活力（第三卷图55-1至图55-5）。

第三卷图55-1　珠海拱北口岸（首次去澳门，从珠海的拱北口岸排队走进。2008年7月）

第三卷图 55-2　从珠海拱北出关进入澳门（2008 年 7 月）

第三卷图 55-3　中央人民政府驻澳门特别行政区联络办公室外景（2008 年 7 月）

第三卷图 55-4　时隔十年，从香港坐船二次进入澳门（2018年1月）

第三卷图 55-5　连接香港、澳门、珠海三地的港珠澳大桥

第七章　港澳台 | 139

56. 澳门的历史演进与回归

澳门是中国的领土。考古发掘表明，早在新石器时代，中华民族的祖先，就已经在澳门一带劳动、生息，澳门、路环、黑沙等地留下先民们的足迹。古称濠镜澳。秦始皇统一中国，澳门属南海郡番禺县地。此后归属不定，明、清时期属广州府。

早期的澳门为一渔农业的小村落。1553年始有葡萄牙人在澳门居住，但明朝政府仍在此设有官府，由广东省香山县管辖。1887年12月1日，葡萄牙政府与清朝政府签订《中葡会议草约》和《中葡和好通商条约》（有效期40年），正式通过外交文书占领了澳门，澳门成为葡萄牙的殖民地。葡萄牙人在澳门拥有特权或特殊地位，常常引发居民不满，发生多次抗争。1974年4月25日，葡萄牙革命成功，实行非殖民地化政策，承认澳门为非法侵占，并提出把澳门交还中国。由于当时国内的政治经济社会环境，不具备交接条件，时任总理的周恩来提出暂时维持澳门的现状。

1984年10月3日，邓小平提出用"一国两制"的方针解决历史遗留下来的澳门问题。1986年，中葡两国政府开始为澳门问题展开了四轮谈判。1987年，两国总理在北京签订了《中华人民共和国政府和葡萄牙共和国政府关于澳门问题的联合声明》及两个附件。联合声明说，澳门地区是中国的领土，中华人民共和国将于1999年12月20日对澳门恢复行使主权。中国承诺在澳门实行"一国两制"，保障澳门人可享有"高度自治、澳人治澳"的权利。

1993年3月31日，全国人大通过了《澳门特别行政区基本法》，1999年12月20日零时，在中葡两国元首见证下，第127任澳门总督韦奇立和第1任澳门特别行政区行政长官何厚铧于澳门新口岸交接仪式会场交接澳门政权。翌日（12月21日）晨，澳门群众欢迎中国人民解放军驻澳部队进驻澳门。至此，中华人民共和国正式恢复了对澳门行使主权，结束了长达130多年的殖民历史。

澳门特别行政区以"堂区"（通名）作为行政区划单位，现有七个堂区和一个无堂区划分区域。堂区包括：花地玛堂区（北区）、圣安多尼堂区（西区，著名的大三巴坊位于本区）、大堂区、望德堂区、风顺堂区、嘉模堂区、圣方济各堂区，无堂区位于氹仔和路环之间的填海地段，即为路氹城。

澳门特别行政区区旗为五星莲花绿旗，象征着中华人民共和国恢复对澳门行使主权，澳门是祖国不可分割的一部分。含苞待放的莲花是澳门居民喜爱的花种，与澳门古称"莲岛"，旧称的"莲花地""莲花茎""莲峰山"相关，寓意澳门未来的兴旺发展；三片花瓣表示澳门由澳门半岛和氹仔、路环两附属岛屿组成；大桥、海水反映着澳门自然环境的特点。底色象征着和平与安宁，寓意澳门四周是中国的领海。澳门特别行政区区徽上有五星、莲花、大桥、海水图案，以绿为底色。区徽中间是五星、莲花、大桥、海水，周围以中文书写"中华人民共和国澳门特别行政区"，下为澳门的葡文名"MACAU"（第三卷图56-1至图56-3）。

第三卷图 56-1　澳门的区徽、区旗，紫荆花广场（2008 年 7 月）

第三卷图 56-2　中央人民政府驻澳门特别行政区联络办公室内景（2008 年 7 月）

第七章　港澳台　｜　141

第三卷图 56-3　澳门特别行政区办公楼广场及区旗（2008 年 7 月）

57. 澳门半岛·氹仔和路环离岛·大岛

澳门特别行政区是一个面积很小的海岛城市，由北部与珠海相连的澳门半岛，南部的原氹仔、路环两个离岛，新填海连接两个离岛的路氹城所形成的大岛所组成，分别由嘉乐庇大桥、友谊大桥和西湾大桥与半岛相连。

澳门原为海中的一个小岛，属于广东省中山市（原香山县），由于珠江支流西江的泥沙冲积，在岛屿与大陆之间冲积成一道沙堤（莲花茎，今关闸马路），逐渐与大陆相连接成为一个半岛——澳门半岛，为低丘陵和平地组成，地势南高北低，有莲花山、东望洋山、炮台山、西望洋山和妈阁山；在氹仔岛有观音岩、大氹山（鸡颈山）、小氹山，在路环岛有九澳山、叠石塘山等。最高点为路环岛塔石塘山，海拔 172.4 米。半岛和岛屿的海岸线总长 79.5 千米。

澳门属亚热带气候，兼具热带气候的特征，年平均气温约 22.3℃，全年温差变化在 11—14℃。春、夏季潮湿多雨，秋、冬季的相对湿度较低，雨量较少。5—10 月多台风，以 7—9 月最为频繁。四季温差较小，夏季偏热多雨，冬季相对比较温暖，最低气温仍在 5℃以上，澳门的秋冬季节最适合旅游（第三卷图 57-1 至图 57-5）。

第三卷图 57-1　南湾大马路与现代澳门（2008 年 7 月、2018 年 1 月）

第三卷图 57-2　澳门的新兴商业与当代环境（2008 年 7 月、2018 年 1 月）

第七章　港澳台 | 143

第三卷图 57-3　澳门夜景（2018 年 1 月）

第三卷图 57-4　澳门之夜留影（2018 年 1 月）

第三卷图 57-5　摆放琳琅满目食品的现代澳门商厦留影（2018 年 1 月）

58. 风貌独特的城市

面积很小的澳门，其特殊的地理位置、地理环境、历史演进背景形成了特殊的产业结构和文化，其特殊的本土民风与西洋的气派精巧融合形成了澳门城市的独特风貌。我两次去澳门，虽然走马观花，但深深感受到其独特、可爱。我以为澳门是一座极具个性、接地气、包容，十分精巧、多样化、生活化的小城市，一座来了就不想走的小城。主要体现在：

第一，城市布局小巧精致、方便居民。30 多平方千米的土地（其 2/3 依靠填海造陆）上生存着 68 万多人口，真是寸土如金啊！它逼迫澳门这座城市的规划建设要将节约土地作为第一要务，居民的居住、生活、出行、购物，孩子的读书等等，舒适方便成为首要原则。"小巧精致"的规划建设，是澳门这座城市独特风貌的基础。

第二，建筑风格具多元、多样、包容。既有古老粤式建筑风格的本土民居，又有欧式名人故居；既有高度现代、豪华的大公司商场，又有便民的小商小店；既有大多数澳门人传统信仰的佛教庙宇，又有西方的宗教礼堂，自由参拜。

第三，里弄式马路、物与人流畅具多元交通。这也是澳门独特的城市风景线，只有 3 米多宽的"弄堂马路"，居然有小货车来往穿梭，看得我目瞪口呆！再看看这种弄堂马路的名称"正月十五街"更感觉既温馨又"土气"，我在近 6 个小时的步行中对这种"弄堂马路"迷惑不解，但当我看到老人在街上自由行走，恍然大悟！这不就是中国城镇传统的石板街吗，街上两侧的旧式建筑不就是几十年前，甚至上百年的街坊门店和住家吗？一个发展成现代化的城市，历经百余年，居然保留得如此完好！

在大三巴牌坊附近的"贾伯乐提督圆形地"是一个街心小花坛。令人惊奇的是，这个圆形花坛居然辐射出 7 条小巷，堪称一绝。如果你留意的话，还可以举出许多。比如"老城"的"蛋挞"老店、特色食品街,等等。

  这就是真实的澳门,一个风貌独特、生活特别方便、真正体现以人为本精神的澳门(第三卷图 58-1 至图 58-7)!

第三卷图 58-1　大炮台山上观澳门城(2008 年 7 月)

第三卷图 58-2　澳门的"主干道"(2008 年 7 月)

第三卷图 58-3　由花岗岩方块铺成的澳门老街(该老街狭窄、整洁。2018 年 1 月)

第三卷图 58-4　民政总署前青草地街广告牌（一幅旅游图也是一个宣传广告。2008 年 7 月）

第三卷图 58-5　澳门狭窄的马路（如此狭窄的马路，人行、车行两不误。2018 年 1 月）

第三卷图 58-6　澳门蛋挞名于此街（2018 年 1 月）

第三卷图 58-7　高架路下的空间利用——公共厕所（2008 年 7 月）

59. 一座"赌城"

赌城是以赌博业而著称的城市。世界四大赌城即拉斯维加斯（美国内华达州的最大城市）、摩纳哥城（欧洲最富有的袖珍小国）、大西洋城（美国东海岸旅游观光城市）和澳门（中国）。这四大"赌城"都以赌博业为中心，以旅游、购物、度假产业而著名。

澳门博彩于 1847 年合法化，早年盛行的赌博是番摊与牌九，20 世纪，西方博彩游戏传入澳门，融合本土的赌法，形成一个多元的博彩架构，包括赌场赌博、赛马、彩票和足球博彩等类型。2006 年，澳门登顶为"世界第一赌城"。博彩业的高税收是澳门政府（1999 年 12 月 20 日起称澳门特区政府）和居民收入的重要来源。2018 年澳门博彩收益达 3 038.79 亿元（澳门元，下同），其中赌场收入达 3 028.46 亿元，每年有超过 3 000 万的游客到澳门旅游，给澳门博彩业带来原动力。

澳门是中国唯一一座允许赌博的城市。赌博，必有输赢，实际上多数参与者是输的。2008年我第一次去澳门徒步考察，在著名景点——大三巴的街头墙角，偶遇一位中年男子蹲在地上，他看到我一个人，主动提出为我拍照留念，交谈中知道他是上海人。当我看到他愁眉苦脸的样子，就和他聊了起来。我问他，去赌城了吗？他点着头说，输光了，没有脸回上海见家人了。我和他说，赌场这种地方千万不能去，指望碰运气赢钱的心理要不得。要吸取教训，下次不能再去赌场了，并劝他回家，和家人诚恳沟通、检讨，洗手不再干傻事，他点了点头。我深深为这位上海老乡惋惜。心中在想，虽然有一些人在赌场上赢了钱，但输光了、家破人亡的情形更多啊！

　　澳门的博彩业经营有方，可以说，尊重并规范了关系居民生活、传统的博彩产业，其发展是"一国两制"取得巨大成功的一个体现（第三卷图59-1至图59-3）。

第三卷图59-1　澳门博彩业巨头——葡京赌场1（2018年1月）

第三卷图 59-2　澳门博彩业巨头——葡京赌场 2（2008 年 7 月）

第三卷图 59-3　澳门的商业和房地产业（2008 年 7 月）

60. 世界文化遗产

澳门以其独特的文化享誉国内外。所谓澳门文化，是有着深厚传统内涵的中华文化和以葡萄牙文化为特质的西方文化共存、并行且相互交融的城市文化。正是这种特质，使澳门成为一个风貌独特的城市，留下了大量的历史文化遗迹。

最突出的就是位于澳门半岛的澳门历史城区，其范围东起东望洋山，西至新马路靠内港码头，南起妈阁山，北至白鸽巢公园，呈狭长的形态。自16世纪中叶开始，来自葡萄牙、西班牙、荷兰、英国、法国、意大利、美国、日本、瑞典、印度、马来西亚、菲律宾、朝鲜甚至非洲地区等不同国家和地区的人群在此建房、修路、建教堂、筑炮台以至辟建坟场。在狭小的空间内，密集分布着多元风格、不同功能的建筑；同时结合亚洲其他地区不同的建筑元素产生了新的变体，形成澳门城区独树一帜的建筑风格。可以说，国内外独一无二。当今澳门人依旧居住生活在"古城区"，依旧繁华、充满生机。

澳门历史城区内的历史建筑群有20多个，从明朝至民国，时间跨度长达400多年！其中有中国最古老的教堂遗址和修道院、最古老的基督教坟场、最古老的西式炮台建筑群、第一座西式剧院、第一座现代化灯塔和第一所西式大学等。在建筑风格上具有欧洲天主教国家中世纪城市和葡萄牙建筑色彩，淡黄、粉紫色的外墙，白色的装饰线角，形成澳门建筑清新、素雅而又亮丽、华贵的整体外观，有别于中国内陆地区的任何城市。

2005年7月15日，在南非举行的第29届世界遗产大会（全称为联合国教科文组织世界遗产委员会会议）中，澳门历史城区正式列入《世界遗产名录》，成为联合国世界文化遗产。世界遗产委员会对澳门历史城区的评语是这样的：

澳门是一个繁华兴盛的港口，在国际贸易发展中有着重要的战略地位。从16世纪中叶开始，澳门就处于葡萄牙统治之下，直到1999年中国内地对澳门恢复行使主权。澳门历史城区保留着葡萄牙和中国风格的古老街道、住宅、宗教和公共建筑，见证了东西方美学、文化、建筑和技术影响力的交融。城区还保留了一座堡垒和一座中国最古老的灯塔。此城区是在国际贸易蓬勃发展的基础上，中西方交流最早且持续沟通的见证。

澳门历史城区是澳门之瑰宝！

澳门曾经是宗教文化中心，既有儒、释、道等古老的中国宗教，也有后传入的天主教、基督教、伊斯兰教等宗教，由于澳门是华洋共处和实行信仰自由的地区，居民的宗教信仰亦呈多元化特点。如保存完好的大三巴牌坊就是融合了东西方建筑精华、东西方宗教互相包容的杰作（第三卷图60-1至图60-15）。

第三卷图 60-1　澳门历史城区的导栏牌和简介、民政总署及前地广场（2008 年 7 月）

第三卷图 60-2　大三巴街景（2008年7月、2018年1月）

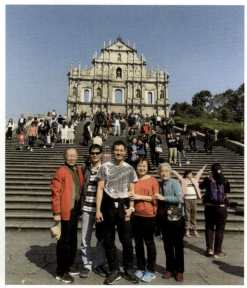

第三卷图 60-3　大三巴留影（2018年1月）

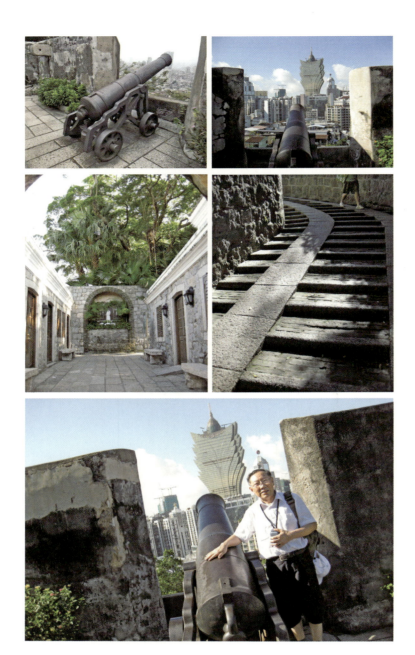

第三卷图 60-4　大炮台山景区留影（2008 年 7 月）

第三卷图 60-5　澳门松山东望洋灯塔（2018 年 1 月）

第三卷图 60-6　澳门老城的部分宗教建筑及留影（2018 年 1 月）

第三卷图 60-7　澳门妈祖庙的景观及香火（2008 年 7 月）

第三卷图 60-8　位于大炮台山的澳门博物馆（2008 年 7 月）

第三卷图 60-9　澳门海军博物馆（2018 年 1 月）

第三卷图 60-10　葡萄牙语全日制学校（2018 年 1 月）

第三卷图 60-11　无主建筑（在澳门，这种人去楼空的无主建筑还有不少。2018 年 1 月）

第三卷图 60-12　保留的航海建筑及留影（2018 年 1 月）

第三卷图 60-13　保留的老街老屋（2018 年 1 月）

第三卷图 60-14　澳门的现代街区建筑（2018 年 1 月）

第七章　港澳台

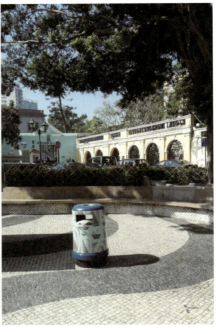

第三卷图 60-15　澳门的人行道和前地（2018 年 1 月）

61. 独特的地名文化

2008 年夏，我独自一人在澳门老城徒步考察，当我走到民政总署楼前地，一条狭窄小街上的一块地名路牌引起了我的兴趣，它叫"十月初五日街"。这块用陶瓷烧制的路牌很特别。这哪是街啊，明明像一个小弄堂。一会儿，开来一辆小货车，我立马站到屋檐下，货车轻巧地从身旁开走了，这不危险吧！我注意观察澳门人，似乎没有反应，很正常吧！我连忙拿起手机拍下了这个"十月初五日街"。

马路、弄堂地名成为我此次徒步考察的计划外内容（第三卷图 61-0）。

澳门的地名命名十分有趣，我的总体感觉是：第一，地名很土，民俗化特点非常明显。比如"卖草地街"，很俗。历史上曾经有人在这里卖过柴草吧？第二，以人名命名的路名较多，且喜欢加上人名的称谓，如博士、总督等，如高利亚海军上将大马路、何鸿燊博士大马路。第三，名字的长短差别很大，有的很短，专名只有两三个字，而有的很长，多达五六个字，读起来很长又拗口，如"亚美打利庇卢大马路（新马路）"，原来这是澳葡政府将葡文生硬音译为中文的马路名。所谓的"大马路"也只不过是稍宽一些的马路而已。第四，街、路、里等交通地名距离都很短。有的只有二三十米长，这与早期澳门城市空间的狭小、居屋的密集有关。第五，地名的标牌制作规范而有特色，小巧玲珑，也很醒目。第六，专名多用。一个小小的地块内，一个专名可以用在马路、弄堂、前地，甚至建筑物等等，多的达六七个。

澳门地名不仅具有中国南粤的烙印，还带有四百年中西文化交融的历史痕迹。以"十月初五街"为例，它位于澳门半岛的西部——澳门政治中心，原称"泗孟街"（因有"泗孟码头"得名，后填海被拆卸），为"纪念葡萄牙 1910 年 10 月 5 日革命"而更名，至今仍是澳门最繁华的街道之一，集中了很多颇有历史的美食店。

第三卷图 61-0　记录本土文化的街巷地名（2008 年 7 月）

根据资料，澳门的全部（800个）交通地名，主要按以下类别进行划分：名人（巴波沙总督街、伯多禄局长街、孙逸仙博士大马路）；建筑物功能（奥林匹克大马路）；地名（北京街、上海街、布拉格街）；用地功能＋地理方位（氹仔东北马路、菜园路、菜园新街、菜园涌北街、菜园涌边街、菜园涌巷、大三巴右街、海边新街、山边街）；植被（桉树街、松树街、莲花街、芒果街）；驻所单位（船厂街、化验所街、炮兵街、商业学校街）；道德人性（和谐大马路、德行街、安乐街、永诚街、道德巷、福安街）；宗教庙宇（圣方济各街、观音堂街、妈阁街、妈阁上街、虔信街、区神父街）；节气（腊八街）；新村（华大新村第一、第二和第三街）等。五花八门，似乎有点随意，但每一个地名都有其特定的含义，本土文化味道十足！

澳门地名的路牌规格统一，由上下两排各四块约15厘米见方的瓷砖拼成。瓷砖采用中国传统的青花瓷工艺烧制，白底蓝字，路牌边缘及中、葡文地名之间有蓝色花纹，大方典雅，规范而极有中西地名文化融合的个性。

我去过全国以及国外的许多大小城市，我个人以为，澳门的地名文化内容最为丰富而独特。这是我到访考察澳门最大的收获之一！

62. 港珠澳大桥与澳门的未来

港珠澳大桥（英文名称：Hong Kong-Zhuhai-Macao Bridge），是中国境内一座连接广东省珠海市和香港、澳门两个特别行政区的桥隧工程，位于中国广东省珠江口伶仃洋海域内，属于珠三角地区环线高速公路南环段。2009年12月15日动工建设，2017年7月7日主体工程全线贯通；2018年2月6日主体工程验收，同年10月24日开通运营。

港珠澳大桥东起于香港国际机场附近的香港口岸人工岛，止于珠海拱北口岸。大桥分别由3座通航桥、1条海底隧道、4座人工岛及连接桥隧、深浅水区非通航孔连续梁式桥和港珠澳三地陆路联络线组成。桥隧全长55千米，其中主桥29.6千米、香港口岸至珠澳口岸41.6千米；桥面宽度33.1米，为双向六车道高速公路，设计速度100千米/小时，具有跨径大、桥塔高、结构稳定性强等特点。大桥设计使用寿命120年，可抵御8级地震、16级台风、30万吨撞击以及珠江口300年一遇的洪潮。工程项目总投资额1 269亿元，由广东省、香港和澳门三地政府共同组建的港珠澳大桥管理局（大桥主体部分建设、运营、维护和管理的组织实施等）和港珠澳大桥海事局（大桥海域海事执法）统一管理。

港珠澳大桥是全球最长的跨海大桥，大桥的建成是（中国）中央政府支持香港、澳门和珠三角地区城市快速发展的一项重大举措，是"一国两制"下粤港澳三地密切合作的重大成果，解决了香港与珠三角西岸地区及澳门的交通联系因伶仃洋的阻隔问题，极大地缩短了三地间的时空距离，促进了三地之间人流、物流、资金流、技术流等创新要素的高效流动和配置，进一步提升了珠三角城市群的国际意义，对于粤港澳大湾区的建设有极大的推进作用。

毋庸置疑，港珠澳大桥将提升澳门经济发展的战略地位，为此，澳门的未来要进行新的谋划。在结束本部分写作的时候，我看到"今日头条"一则新闻（2021年11月29日），标题是"跨过横琴大桥，与澳门大学一路之隔，藏着一片港澳青年创业'宝地'"，说的是这个创业谷的孵化澳资企业已经超过300家！作为横琴粤澳深度合作区首个重点打造的产业落地、产业培育、产业发展的平台，创业谷是珠海推进横琴粤澳深度合作区建设的一个缩影（第三卷图62-1、图62-2）。

人们有理由相信，未来的澳门定会更加美好！

第三卷图62-1　澳门对岸的珠海横琴开发区（开发区在快速发展。2018年1月）

第三卷图62-2　乘坐澳门观光游览车游览留影（2018年1月）

（二十三）台湾省（地区）

63. 中国领土不可分割的一部分

台湾省（地区），简称"台"，是中华人民共和国省级行政区，省会城市是台北。它地处中国大陆东南海域，东临太平洋，西隔台湾海峡与福建省相望，南界巴士海峡与菲律宾群岛相对，由中国第一大岛台湾岛和周围属岛以及钓鱼岛列岛等岛屿组成。其总面积约为3.6万平方千米，总人口约2 360万，70%以上集中在台湾岛西部的六大都会区，以台北都会区规模最大。

台湾省，自古以来就是中国的领土。远古时代，台湾本与大陆相连，几百万年前，由于地壳运动，形成台湾海峡后，台湾岛才与大陆分离。1971年和1974年两次在台南市左镇区发现的台湾迄今最早的史前人类化石，命名为"左镇人"，3万年以前从大陆经由福建长途跋涉移居台湾，和北京周口店的山顶洞人有同属中国旧石器时代的晚期智人。早期住民还有其他少数人种（"矮黑人""琅峤人"）是台湾今日少数民族（高山族）的祖先。可见，台湾早期住民中大部分是从中国大陆直接或间接移居而来。

明朝天启四年（1624年）和天启六年（1626年），荷兰、西班牙殖民者分别入侵台湾，1661年4月民族英雄郑成功率2.5万将士及数百艘战舰奔赴台湾抗击侵略者，1662年2月1日收回被荷兰殖民者侵占的宝岛台湾。

清康熙二十三年（1684年），置台厦道，设一府三县，台湾为一府，称台湾府，府治设在今台南，下辖台湾县（今台南）、凤山县（今高雄左营）、诸罗县（今嘉义），隶属于福建省，道署设于厦门。台湾重新纳入（中国）中央政府的统一管辖之下，成为国家统一整体中不可分割的组成部分。

1727年，台厦道分出台湾道，道署移台南，设一府四县二厅。清光绪十一年（1885年）从福建省析出升格为台湾省，下设三府十一县三厅一直隶州，省会设彰化县桥孜图（今台中），1894年省会移至台北。

1895年，清政府在中日甲午战争中战败，台湾为日本侵占，1945年抗日战争胜利，台湾光复，台湾及澎湖列岛重入中国版图。1949年，蒋介石率部分国民党军政人员退据台湾地区，海峡两岸政治对立。1992年大陆海协会和台湾海基会达成海峡两岸"一个中国原则"的共识，即"九二共识"。

台湾问题是中国内战的遗留问题，也是海峡两岸重要的政治议题。中国政府解决台湾问题的基本方针是"和平统一，一国两制"。

1999年和2000年底，我先后两次应邀访问台湾，在台湾大学、台湾政治大学、台湾师范大学、中国文化大学、台北师范学院、彰化师范大学、东海大学等作学术交流，并参观考察，走遍台湾省的北南西东，对宝岛台湾留下深刻的印象（第三卷图63-1至图63-3）。

第三卷图 63-1　孙中山纪念馆广场（1999 年 3 月）

第三卷图 63-2　南投县中兴新村（这是台湾省首个新市镇。1999 年 3 月）

第三卷图 63-3　台南赤嵌楼

64. 中国第一大岛

台湾岛——中国第一大岛，是台湾省的主岛，面积为35 882.6平方千米，是世界排名第38位的大岛屿。它位于东海南部，西依台湾海峡（属于东海），距福建省海岸75—220海里（1海里=1.85千米）；东濒太平洋，东北与琉球群岛为邻，距冲绳岛约335海里；南隔巴士海峡与菲律宾相望，距吕宋岛约195海里。岛形狭长，从最北端富贵角到最南端鹅銮鼻，长约394千米；最宽处在北回归线附近，约144千米；环岛海岸线长约1 139千米。台湾岛扼守西太平洋航道的中心，是中国与亚太地区各国海上联系的重要交通枢纽，地理位置十分重要。

台湾岛位于东海大陆架南缘，为大陆岛。大约在2亿多年前，古生代晚期的地壳运动奠定了岛的地质基底；4 000万年前的喜马拉雅运动，地壳受挤压褶皱抬升，形成台湾山系；250万年前，形成台湾岛的现代地形地貌。第四纪冰期致海面下降，台湾岛与中国大陆相连，而在间冰期（别名冰后期）海平面回升使之复成海岛。

在台湾本岛的周围分布有多个列岛、小岛，西南有澎湖列岛，东北有钓鱼列岛，周围有彭佳屿、棉花屿、花瓶屿、基隆岛、和平岛、龟山岛、绿岛、兰屿、七星岩、琉球屿等，连本岛共计86座岛屿。

台湾本岛地形复杂多样，山地和丘陵面积约占2/3。自东向西分布有台东、中央、玉山、雪山和阿里山5条平行、北北东—南南西走向的山脉，其中的中央山脉为主分水岭，最高峰玉山，海拔3 997米，为中国东南部第一高峰。丘陵多围绕5大山脉山麓分布，海拔在600米左右。

台湾岛的平原80%集中在西部。以彰化至高雄的台南平原较大，面积达4 550平方千米，农业发达、人口密集、城镇较多。在东部的台东山脉与中央山脉之间有一条狭长纵谷，可称之为台东平原，它是台湾东部天然的南北交通孔道。台湾岛的盆地都较小，主要分布在北部和中部，即台北、台中和埔里盆地。

台湾岛有151条河流，以中央山脉为分水岭，分别向东、西流入海洋，受制于地形格局，河流流程短、落差大、多险滩瀑布，富水力资源，不宜通航，风景优美；天然湖泊很少，以日月潭最为著名。

台湾岛的海岸线整体平直，东部岸线陡峭险要，冲积平原少；西部沙岸岸线平直绵长，滩涂宽广，除北部的基隆和南隅的高雄港之外，缺少天然良港。

台湾岛地跨北回归线南北，属南亚热带和北热带湿润气候，全年高温、多雨、多风。年平均气温由北而南为21—25℃，平均年降水量东、中部在2 000毫米以上，分布不均；山地垂直地带性特征较为显著。夏、秋季常受热带气旋影响，多台风暴雨。应当指出的是，海潮对台湾岛的发展和居民生活影响也较大，东岸最大潮差1.2米，西岸中部最大潮差达4.2米，南北两端潮差为2.6米。

作为我国第一大岛的台湾岛，由于人口密集，经济发达，空间相对狭小，且多为山区丘陵，面对的空气污染、水土保持、地层下陷、低放射性核废料处理、气候变迁、农地面积减少等用地矛盾和生态环境问题很多。为此，台湾当局设置了80多个自然生态保护区，包括"国家公园"、自然保留区、野生动物保护区、野生动物重要栖息地、国有林自然保护区等，保护既有的环境，现有森林覆盖率已经达到58.5%。但面对本岛狭小的土地空间，解决上述矛盾依旧是一道大难题。

台湾岛处于环太平洋地震带上,地震发生频率较高,南投县以花莲及其附近海底最多。2001年1月我在东海大学王振寰教授帮助下,得以深入"9·21"地震(1999年发生,里氏7.6级)灾区现场考察访问,与震中住民亲密交流、合影的一幕,终生难忘!

2000年底,我第二次访问台湾时,从台中出发,穿越中央山脉,进入东海岸向南,直达台湾岛的最南端,路经海拔3 275米的武岭,留下珍贵影像(第三卷图64-1至图64-6)。

第三卷图64-1　登上台湾岛的中央山脉(2000年12月)

第三卷图64-2　高山草甸前留影(2000年12月)

第三卷图 64-3　台湾中部的高山牧场及留影（2000 年 12 月）

第三卷图 64-4　东海岸：花莲→台东→屏东（2000 年 12 月）

第三卷图 64-5　台湾东海岸留影（2000 年 12 月）

第三卷图 64-6　台湾省花莲县境内的北回归线标志塔前留影（2000 年 12 月）

65. 发达的经济体

经世界银行、国际货币基金组织等机构认定，中国的台湾省为发达经济体，人类发展指数高达 0.882。中国大陆的改革开放以来，经济高速发展，不断超越世界许多发达国家，成为仅次于美国的世界第二大经济体；但人均水平较低，与台湾地区相比，差距较大，但在逐步缩小。

蒋介石退败台湾后，初期推行适度行政干预下的市场经济到自由的市场经济体制，加上美国的"扶持"、没有发生类似大陆的大型政治运动，以及从大陆随蒋去台湾的人才、科技等因素，使台湾在较短时期之内长足发展。2000 年获"亚洲四小龙"的称号。

应当指出的是，大陆改革开放之后，台湾经济的出口扩张，主要是对大陆的出口，台湾经济对大陆存在很高的依存度。2000 年之后，台湾的经济萎靡不振，出现明显的波动。其原因与台湾当局的大陆政策有关。当局"政党轮替"的政治权力因素极大地影响着两岸关系，也影响着台湾的经济。如果重视两岸交往，台湾经济就会增长，反之，台湾经济则衰退。

台湾的经济结构早已实现了高度化，现代服务业发达，金融、餐饮、旅游、文化创意产业的水平比较高，证券交易所是中国四大证券交易所之一；文创产业融合了中华传统文化和台湾本土特色文化，享誉中外；制造业发达，半导体、电子制造、精密机械、工控设备制造、显示技术等产品，以及石化、橡胶、纤维制造等化工位于世界前列；新能源、生物医药等水平很高；虽然只有 24% 的土地宜于耕种，但气候条件好，土地肥沃，农产品的品质好，生产效率高。除供给 2 300 万台湾人的需求之外，猪肉、蔬菜、糖、甘蔗、茶叶、大米和热带及亚热带水果还有出口。

在台湾，我访问过新竹工业园区，参观过台中市郊区农村和农业，无论是在城市还是乡村，均能感受到宝岛经济的发达和均衡（第三卷图 65-1 至图 65-6）。

第三卷图 65-1　台北市 101 大楼

第三卷图 65-2　台北市的商业楼（1999 年 3 月）

第三卷图 65-3　原台北县（今新北市）永和市"永和豆浆"发源地（1999 年 3 月）

第三卷图 65-4　台北市士林区市民农园、台湾岛西部平原的郊野
　　　　　　　（1999 年 3 月、1999 年 2 月）

第三卷图 65-5　南投县仁爱乡清境农场——台湾唯一生态高山牧场

第七章　港澳台 | 171

第三卷图 65-6　台中市市区商业街道、台湾山顶的梯级开发（1999 年 3 月）

66. 中华文化的保护与传承

蒋介石退逃台湾时从大陆带走了大量文物。如今，坐落于台北市士林区台北故宫博物院珍藏有 69.6 万余件文物，为世界上最负盛名的古代中国艺术品藏馆之一。在台湾，无论是山区、平原，或是滨海，城市、集镇，或是乡村，中国传统风貌的痕迹、遗址很多。

我考察了原台北县（今新北市）板桥市、永和市、汐止市、淡水镇、三峡镇，台中县的梧栖镇、枫树里、雾峰乡（"9·21"大地震中心），以及基隆、新竹、彰化、花莲、台东、屏东、高雄、台南等台湾省北南西东大部分的县市城乡，感受到中华文化在台湾得到良好的传承和保护。

比如在台中郊区枫树里：社区老妈妈们为维护乡村风貌和改善环境，收集社区的下脚油制造的"土肥皂"（送给我的礼物），劝说村民保护上百年历史的古墅；梧栖镇保留的花岗岩石板路，有着上百年历史；保留着原店、原屋、原桌、原凳，原味的永和市永和豆浆店，等等。更多的感受则是在赴多所大学学术交流中体验到的（第三卷图 66-1 至图 66-8）。

第三卷图 66-1　台北故宫博物院、台北市大剧院留影（1999 年 3 月）

第三卷图 66-2　台湾大学图书馆前留影、在台湾大学与学者座谈留影（1999 年 3 月）

第三卷图 66-3　在中国文化大学图书馆留影、校园内晓园景点（1999 年 3 月）

第三卷图 66-4　访问台湾师范大学、与地理学系同行座谈留影（1999 年 3 月）

第三卷图 66-5　在台湾师范大学地理系演讲留影（1999 年 3 月）

第七章　港澳台 | 173

第三卷图 66-6　台北师范学院等校作学术演讲、与陪同贾老师合影（1999年3月）

第三卷图 66-7　参观访问台湾"中央研究院"（1999年3月）

第三卷图 66-8　东海大学社会科学学院作学术演讲留影（1999年2月）

67. 台湾的族群

族群在人文地理学、民族学中一般是指地理上邻近、语言上相近、血统同源、文化同源的一些民族的集合体，也称族团；或者定义为因历史及时空环境，表现在文化、语言、宗教、血缘祖先认同，行为、生物/外貌特征等相互区别的人类群体。可以按出生地、居住地或祖籍地对人群进行归类。台湾的族群不仅是一个民族、人口、社会意义的问题，更是一个涉及台湾政治文化、政治生态问题。

台湾同胞和大陆同胞同属中华民族，由于历史、地理等多种原因，台湾同胞在许多方面形成自己的特点。依据移居台湾岛上生存生活的时间先后，大致可以分为四大族群。即台湾原始住民族、鹤佬人、客家人、"外省人"。近年来，由于台湾人与东南亚国家人民通婚日益增加，出现了所谓的第五大族群。其中鹤佬人人数多、分布广，约占台湾全岛人口总数的70%左右。鹤佬人又称为闽南人、福佬人，为明末至清朝时期，由福建省南部（闽南）移民而来的台湾人。四大族群因迁移时间不同、居住区域不同、受教育程度和文化背景不同、社会经济地位不同，对价值取向和政治倾向也产生不同的影响（第三卷图67-1至图67-3）。

第三卷图67-1　台中县枫树里社区调研、访问大陆老兵留影（1999年2月）

第三卷图67-2　屏东县城保存完好且清洁透明的城市水道及留影（2000年12月）

第三卷图 67-3　台湾民众反对建设核电站标语等（1999 年 3 月）

68. 三大都会区：台北·台中·高雄

早在 20 世纪 80 年代，中国台湾省就已经完成了城市化的过程，城市化水平在 80% 以上。

与工业化、城市化水平相对应，台湾地区形成了一套完整的建制城市制度体系，即所谓的"院辖市（直辖市）"、省辖市（与县同级）、县辖市（与乡镇同级），制定了不同等级的设市标准，依据标准有序设置不同等级的建制城市。目前设有台北、高雄、新北、台中、台南、桃园 6 个"直辖市"，基隆、新竹和嘉义三个省辖市（第三卷图 68-1 至图 68-3）。

第三卷图 68-1　台北市一景（1999 年 3 月）

第三卷图 68-2　台北新市区（1999 年 3 月）

第三卷图 68-3　台北市电影院（1999 年 3 月）

从土地空间性质来看，分为两类：一类是传统的切块设市，如台北市、高雄市和三个省辖市；另一类由整建制县升格转制而来，如台北县、桃园县升格转制为"直辖市"，县级台中市与台中县合并、县级台南市与台南县合并升格为"直辖市"。

随着城市的发展，以台北、台中和高雄为中心，分别与周边的城市相连，形成台湾省西部地区三大经济、人口高度密集的都会区。以北部的台北规模最大，人口最多，经济最发达。

三大都会区内部分别成立区域联合服务中心。区域联合服务中心并非正规的行政区划，其辖区范围依照台湾地区"综合开发计划"所划定的台湾本岛四大区域——北部、中部、南部、东部区域，以及金马区域。现已成立南部服务中心、中部服务中心及东部服务中心（第三卷图 68-4 至图 68-17）。

第三卷图 68-4　台北富锦一号公园和捷运（捷运即轻轨为最重要的城市出行交通方式。1999 年 3 月）

第三卷图 68-5　台北车站（1999 年 3 月）

第三卷图 68-6　建设中的台北县立大学、台北县的违章搭建（1999 年 3 月）

第三卷图 68-7　台北县三峡镇（1999 年 2 月）

第三卷图 68-8　台北松山机场及留影（1999 年 2 月）

第三卷图 68-9　淡水红毛城及留影（1999年2月）

第三卷图 68-10　台中市市区与火车站（1999年2月）

第三卷图 68-11　台中渔港（1999 年 2 月）

第三卷图 68-12　台中石门水库及留影（1999 年 2 月）

第三卷图 68-13　访问彰化师范大学留影（1999 年 2 月）

第三卷图 68-14　高雄市马路与市容（1999 年 2 月）

第三卷图 68-15　高雄市街道与建筑（1999 年 3 月）

第三卷图 68-16　高雄中心城区的河道治理、街道（1999 年 3 月）

第三卷图 68-17　在中央山脉山顶留影（这里的开发似乎忽视了对生态环境的影响。1999 年 2 月）

69. 海运：维系台湾经济的生命线

台湾岛四面环海，东南西北分布有许多港口，这是台湾地理环境的一大特点，台湾的进出口货物 99% 需依赖海运完成，海运是维系台湾经济的生命线。

台湾拥有高雄、基隆、台中、花莲、苏澳、台北和安平 7 个港口，其中高雄、基隆、台中、花莲被称为台湾的四大港口。

高雄港港口货柜吞吐量约占台湾地区的 3/4，一度排名世界第 3 位（2000 年），如今下滑至第 15 名。我去过台湾的四大港口，特别是第二次访台时，参观访问台中港（旧称梧栖港，位于台中县清水镇），在梧栖镇一家餐馆用餐，餐厅的全海洋知识装潢布置颇有特色。我还思考过台中港与大陆的直航对台中市，乃至台中地区的影响问题。

远洋运输是台湾海运业的主流。

台湾的海运航线主要有：东北亚航线（从台湾各主要港口到日本的大阪、神户、东京、横滨和韩国的釜山、金浦等）；中国香港航线（从基隆、台中、高雄等开往香港，是海上最繁忙的航线）；东南亚航线（台湾各主要港口至马尼拉、新加坡、曼谷、吉隆坡、雅加达等）；美加航线（由基隆、高雄等港口到美国的纽约、波士顿、洛杉矶、旧金山、西雅图与加拿大的温哥华等）；欧洲航线（从基隆、高雄港口至西欧的汉堡、伦敦、鹿特丹等港口）；中东航线（从高雄等港到波斯湾航线的迪拜、科威特等红海、地中海的港口）。此外，还开辟有由高雄港或基隆港出发，经太平洋至美洲，跨越大西洋至欧洲，再过印度洋返回台湾的环球航线（第三卷图 69-1、图 69-2）。

1949 年以后，海峡两岸政治上的对立，台湾与大陆之间的航线中断。1997 年，大陆厦门与福州两港口与台湾高雄港的"境外航运中心"实现了"试点直航"，结束了两岸商船不能直接通航的历史。

第三卷图 69-1　基隆港（1999 年 3 月）

第三卷图 69-2　基隆海洋大学（1999 年 3 月）

70. 进入"9·21"大地震现场

　　在我首次访问台湾地区回沪的半年之后，1999 年 9 月 21 日凌晨，台湾南投县日月潭地区发生了 20 世纪末台湾最大的地震。地震震级里氏 7.6 级，造成地表长达 105 千米的断裂带，死亡 2 321 人，受伤 8 000 多人，受灾人口 250 万。震中距离东海大学不足 50 千米。得知消息，我十分震惊，并致电问候。1999 年 12 月，当我再次踏上台湾的土地，第一愿望就是尽快去灾区现场看看，在东海大学王振寰教授安排下，12 月 23 日中午赶赴现场考察。这是我一生中唯一一次深入地震震中进行的考察，在震中现场目睹地震的破坏力和强力的地震波对人体的影响。我在地震现场履行了一个志愿者的责任，拍摄了大量珍贵的照片（第三卷图 70-1 至图 70-4）。

第三卷图 70-1　深入"9·21"大地震震中——国姓乡现场留影（1999 年 12 月）

第三卷图 70-2　对"震中"的一户人家进行采访并留影（1999 年 12 月）

第三卷图 70-3　"9·21"大地震震中现场（1999 年 12 月）

第七章　港澳台

第三卷图 70-4　地震形成的断裂带（1999 年 12 月）

71. 访台经历

1999 年 2 月下旬，应台湾大学人口研究中心的邀请，我首次前往台湾访问（第三卷图 71-1 至图 71-4）。同行的有北京大学胡兆量教授和南京大学崔功豪教授。我先行访问了东

第三卷图 71-1　台湾大学人口研究所欢迎仪式留影（1999 年 2 月）

第三卷图 71-2　与北京大学胡兆量、南京大学崔功豪教授一同访台湾师范大学、台湾大学留影
（1999 年 2 月）

第三卷图 71-3　在台湾大学与胡兆量教授、在彰化师范大学与地理系同行白沙气象观测站留影
（1999 年 2 月）

第三卷图 71-4　东海大学社会科学学院安排的访问活动（1999 年 2 月）

海大学，学务长王振寰教授陪同参观了台中市近郊的南屯区枫树社区，在社会科学学院做了"上海社区发展"的演讲，然后赴台北参观访问台湾大学、台湾师范大学、台湾中国文化大学、台湾政治大学、彰化师范大学等，学术演讲涉及中国大陆人口、中国城市制度改革等问题，3 月上旬返沪。

首次访台，开拓了大陆与台湾同行们学术交流的先河，对促进海峡两岸高校的地理学术交流有积极意义；同时，结交了许多学术朋友。至今我仍珍藏着台湾师范大学地理系教授赠送的《我故乡——中华台湾》手书（复印件）。

时隔十多个月，1999年12月，应东海大学社会科学学院院长的邀请，作为客座教授在该校访问了一个月，为师生作了多场学术报告，涉及大陆的行政区划体制改革问题，特别是"行政区经济"概念和理论问题引起台湾社会学、经济学、地理学师生，尤其是一些博士研究生的广泛兴趣和认同，并在网上传播（第三卷图71-5至图71-8）。

第三卷图71-5　与东海大学王振寰教授合影（1999年12月）

第三卷图71-6　受聘东海大学社会科学学院客座教授期间观校园（1999年12月）

第三卷图 71-7　为东海大学社会科学学院社会学系作学术演讲留影（1999 年 12 月）

第三卷图 71-8　著名华裔建筑师贝聿铭与台湾建筑师陈其宽合作的
东海大学校园建筑（1999 年 12 月）

第二次访台，除了比较深入的学术交流之外，有机会走进了"9·21"大地震震中现场。在《我的地理人生：涉足山区·致力政区·钟情社区》中是这样描写当时的心情的，"我在震中地区感受到磁场的那一刹那，既害怕又激动。害怕的是大自然的力量无法抗拒；激动的是我在台湾大地震的震中感受到了这一刹那！"此次访问，让我在地震灾区感受到台湾社会自救的力量。详细内容参见前述的"篇目 70"。

访问结束，在一位朋友的倾力相助下，从台中出发，穿越中央山脉，沿东海岸一路南下直达台湾省的最南端著名景点——垦丁公园，欣赏了这个颇具特色的美景！

72. 垦丁之旅

在 1999 年 12 月的第二次访台即将结束之时，一位台湾朋友邀约赴垦丁小游（第三卷图 72-1 至图 72-4）。记得那天风比较大，他开着车快速穿过台湾的中央山脉，在山顶小停、拍照，然后迅速下山，一路南行，边走边停边看，欣赏台湾东海岸险峻、汹涌的大海和礁石浪花的美景，不时在具有乡土风格的小镇、乡村停留，看那原汁原味、美丽的山村，大约 3 个小时到达台湾岛最南端的"垦丁国家公园"。

第七章　港澳台 | 189

第三卷图 72-1　东海岸沿途景点留影（2000 年 2 月）

第三卷图 72-2　垦丁景区（2000 年 2 月）

第三卷图 72-3　垦丁景区及留影（2000 年 2 月）

第三卷图72-4　在风蚀和海侵作用下形成的细沙堆积特色景区留影（2000年2月）

垦丁位于台湾省屏东县最南端，东临太平洋，西靠台湾海峡，南望巴士海峡，三面环海。据说是清朝时期，从大陆来的一批壮丁来此开垦，被后人称之为"垦丁"。垦丁位于北纬22°以南，属热带气候，年平均气温25℃。由珊瑚礁形成，在特殊的地理环境下，特别是落山风的不断吹拂，造就了垦丁特殊的地形风貌。它具有多样性景观，有沙滩贝壳、崩崖、沙瀑、钟乳石洞，热带雨林稀有植物，以及种类繁多的昆虫蝴蝶，还有长达半年的候鸟迁徙落脚地等，风景优美独特，被称为台湾的天涯海角。1984年，蒋经国令此设立"国家"公园，面积为18 083公顷，为台湾唯一拥有海域和陆地的"国家"公园。

公园景点众多，我最感兴趣和好奇的是"风吹沙"。它是海滨的一种风成地貌。每年9月至次年4月，受东北季风的吹拂，海滨的沙粒被搬运至西南方的陆地，日积月累，形成了"沙丘"与"沙瀑"的特殊地貌景观。如今，经过人为修饰成为绝妙、惊险的"风吹沙"项目游。我乘坐特制的"吉普车"感受了"风吹沙"这有惊无险的一幕！

第三卷附图：各省区市标准地图

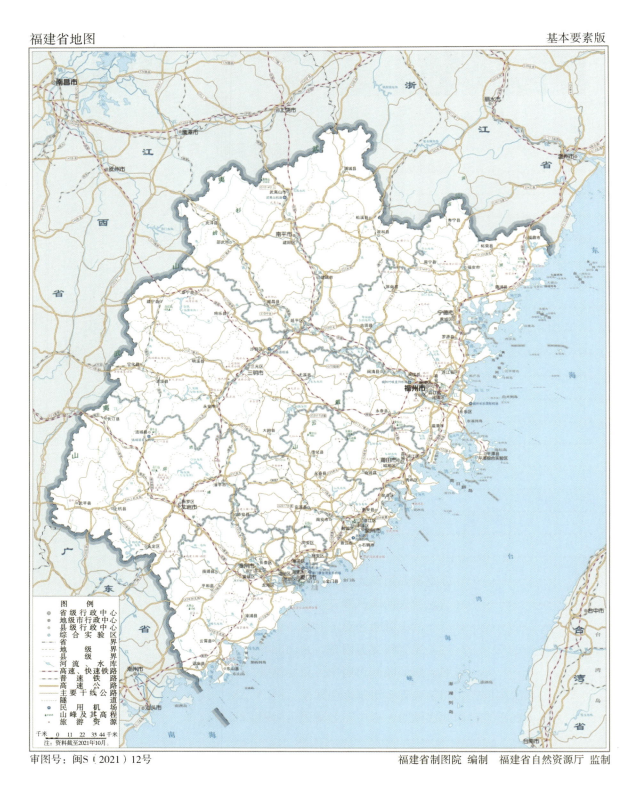

第三卷附图1　福建省标准地图

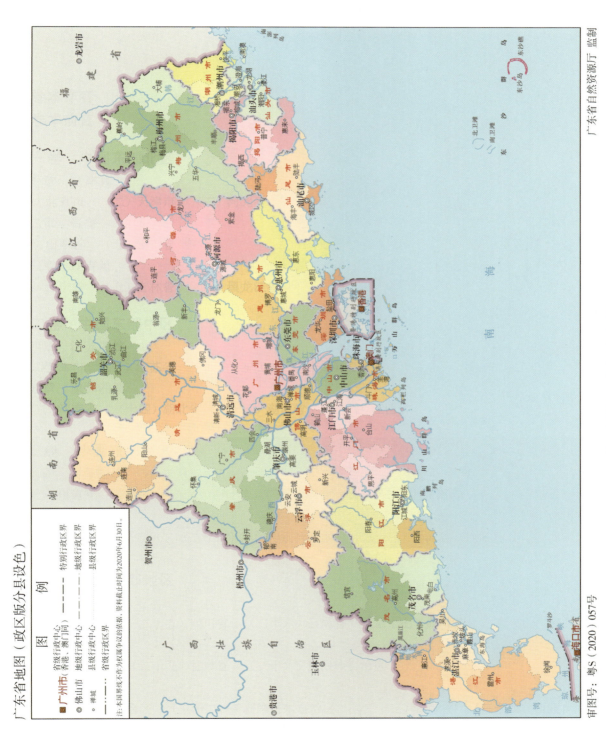

第三卷附图2 广东省标准地图

分省（区、市）地图—广西壮族自治区

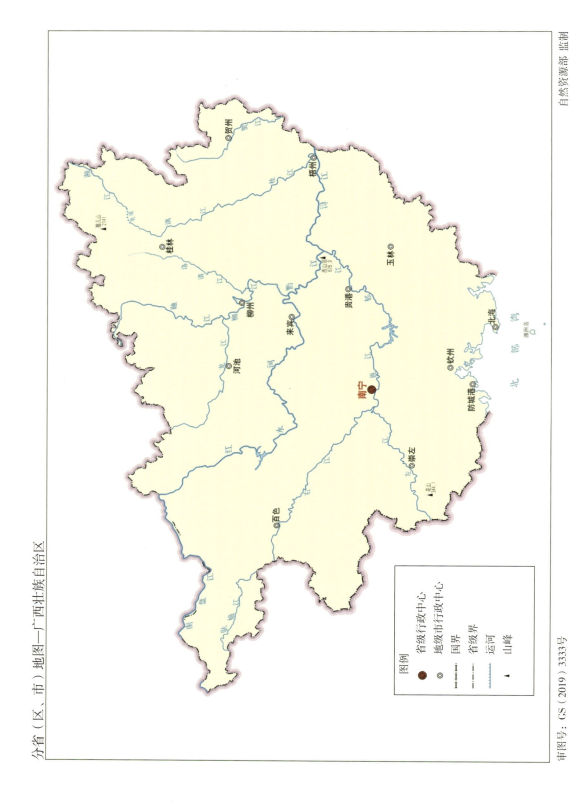

第三卷附图3 广西壮族自治区标准地图

海南省地图

审图号：琼S（2023）115号　　　　　　　　　　海南测绘地理信息局 监制

第三卷附图 4　海南省标准地图

香港特别行政区地图

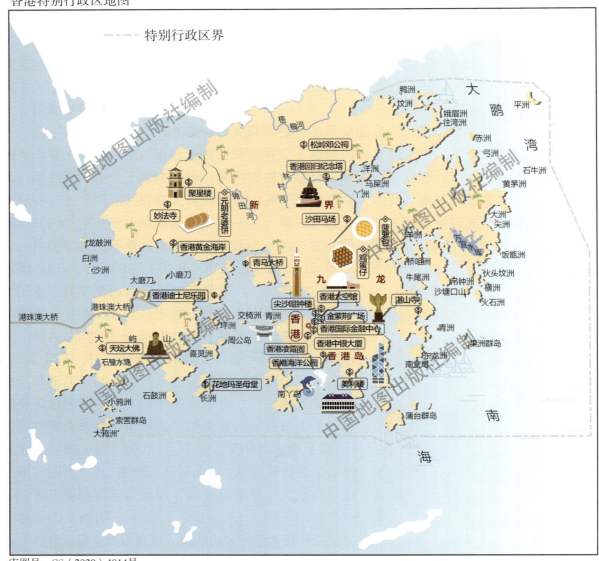

审图号：GS（2020）4814号

第三卷附图 5　香港特别行政区标准地图

香港特别行政区地图

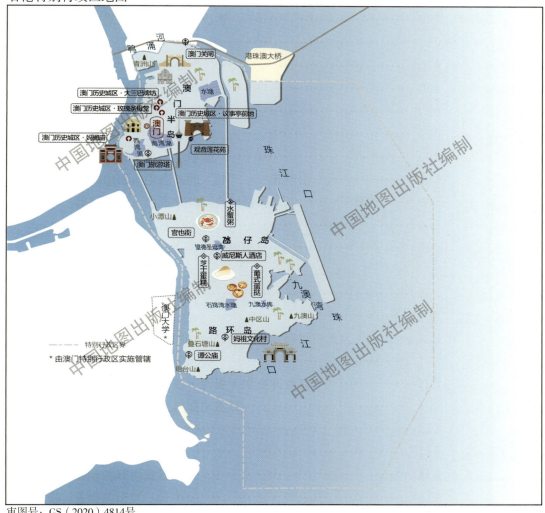

审图号：GS（2020）4814号

第三卷附图 6　澳门特别行政区标准地图

台湾省地图

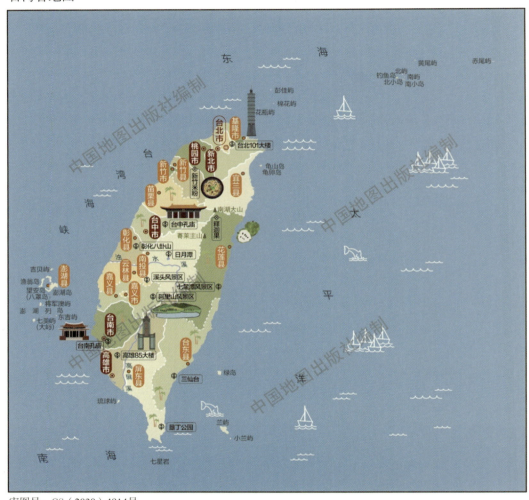

审图号：GS（2020）4814号

第三卷附图7　台湾省标准地图

第三卷图片来源

第三卷图 2-1 源自：陈海波提供.
第三卷图 4-0 源自：（左）搜狐网；（右）刘君德提供.
第三卷图 5-1 源自：（左）海都网；（右）刘君德提供.
第三卷图 6-2 源自：廖庆聪提供.
第三卷图 8-0 源自：陈玉慧提供.
第三卷图 9-1、图 9-2 源自：冯木波提供.
第三卷图 10-2 源自：华林甫提供.
第三卷图 11-3 源自：刘泽勤提供.
第三卷图 11-4 源自：刘君德、刘泽勤提供.
第三卷图 12-4 源自：陈玉慧提供.
第三卷图 13-0 源自：廖庆聪拍摄.
第三卷图 16-2 源自：刘君德、秦学提供.
第三卷图 17-1 源自：百度官网.
第三卷图 22-1 源自：秦学提供.
第三卷图 25-3、图 25-4 源自：刘泽勤提供.
第三卷图 26-1 源自：张俊芳、刘泽勤提供.
第三卷图 27-3 源自：刘泽勤提供.
第三卷图 28-1、图 28-2 源自：张桐、姜红提供.
第三卷图 33-1、图 33-2 源自：刘泽勤提供.
第三卷图 33-3 源自：搜狐网.
第三卷图 34-3 源自：陈海波提供.
第三卷图 35-3 源自：刘泽勤提供.
第三卷图 35-5 源自：吴亚荣、王舜提供.
第三卷图 41-1 源自：搜狐网.
第三卷图 41-2 源自：（左）搜狐网；（右）百家号·视觉中国.
第三卷图 43-0 源自：百度官网.
第三卷图 44-1 源自：陈海波提供.
第三卷图 44-4 源自：陈海波提供.
第三卷图 45-1 源自：爱燃烧网站.
第三卷图 46-1 源自：据财经头条官网完善.
第三卷图 47-1 源自：百度官网.
第三卷图 50-1 源自：林荫岳、刘君德提供.

第三卷图 55-5 源自：搜狐网．

第三卷图 56-1 源自：百度官网．

第三卷图 60-1 源自：百度百科；刘君德提供．

第三卷图 61-0 源自：刘君德提供；百度百科．

第三卷图 63-3 源自：网易；华林甫提供．

第三卷图 65-1 源自：新浪网．

第三卷图 65-5 源自：搜狐网．

第三卷附图 1 源自：福建省地理信息公共服务平台官网．福建省制图院/福建省自然资源厅．审图号：闽 S（2021）12 号．

第三卷附图 2 源自：广东省地理信息公共服务平台官网．广东省自然资源厅．审图号：粤 S（2020）057 号．

第三卷附图 3 源自：（国家）标准地图服务官网（广西壮族自治区地图）．自然资源厅．审图号：GS（2019）3333 号．

第三卷附图 4 源自：海南省地理信息公共服务平台官网．海南测绘地理信息局．审图号：琼 S（2023）115 号．

第三卷附图 5 源自：（国家）标准地图服务官网（香港特别行政区地图）．中国地图出版社．审图号：GS（2020）4814 号．

第三卷附图 6 源自：（国家）标准地图服务官网（澳门特别行政区地图）．中国地图出版社．审图号：GS（2020）4814 号．

第三卷附图 7 源自：（国家）标准地图服务官网（台湾省地图）．中国地图出版社．审图号：GS（2020）4814 号．

说明：未提及的图片为本书作者刘君德拍摄或提供。

第三卷后记

　　本卷范围内的中华人民共和国七个省级政区自然地理环境的共同特点是：纬度偏低，濒临海洋，岛屿众多；基于亚热带向热带的过渡性，气候湿润多雨，水资源十分丰富，植被茂盛，生物多样性比较突出，为居住生活在这里的亿万人民提供了良好、多种多样的生存和发展环境，经济发展速度较快。

　　海洋是本区发展的特色和极大优势，自古以来，国人从这里走向了海洋，走向了世界。保卫海疆，推进海洋发展战略是重要国策。

　　本区域存在不同的政治制度，实行多元制度的共生、共融发展是本区域的又一重要特点和战略。

　　要继续保持在金融、现代企业制度管理、市场、人才集聚，与世界的接轨、融合等方面的优势，保持在国家—区域发展中的领先地位，在实践中发展和创造中国特色的社会主义市场经济制度经验。

　　粤港澳大湾区是本区域不同制度共生融合发展的核心和依托。要树立世界眼光，面向全球，深入推进改革开放，提升产业能级，进一步增强世界（区域）的影响力。

　　就大陆区域内部而言，要树立发展的整体观，重视解决比较严重的区域发展不平衡问题，包括省际范围内的广东、福建与广西、海南发展的落差，也包括省内，特别是广东省南部沿海与北部山区之间发展的落差。在较短时间内，实现区域共富，和谐共生。

　　本卷的写作中：吴健平教授协助提供了本卷各省区市的标准地图；陈玉慧、秦学、文亚青、廖庆聪等陪同进行了局部考察，提供了照片支持，特别是访台期间得到许多同行、朋友的帮助；华林甫教授、陶中森博士协助进行了清样的校对工作。在此，一并致谢！